Keir Milburn

GENERATION LEFT

ジェネレーション・レフト

キア・ミルバーン

監訳・解説　斎藤幸平

翻訳　岩橋　誠・萩田　翔太郎

目次

凡例

・（　）は原書による挿入、〔　〕は訳者による注記である。

・引用文のうちすでに邦訳のあるものはそれを参照したが、文脈に応じて適宜、表記等を変更したところがある。

日本語版への序文

本書の英語版が出版された二〇一九年初頭、ジェネレーション・レフトの勝利は間近であるように思えた。当時労働党の党首だったジェレミー・コービンは、二〇一七年の総選挙で予想を上回る好成績をおさめて、イギリスの次期首相になりそうだった。アメリカでも、バーニー・サンダースが大統領に選出されるという可能性はまだ確実に存在していた。これら年老いた左翼の指導者たちがそれぞれの国で若い有権者の支持を集めたことで、若者の間での変化は加速し、可視化された。しかし、ほんの一年でこの状況は様変わりしてしまった。ジェネレーション・レフトの選んだ候補者たちは、どちらの国でもはっきりと敗北してしまったのだ。ジェレミー・コービンは二〇一九年一二月のイギリス総選挙で大敗を喫した。その結果、労働党ではあっという間に右派の影響力が強まり、彼らは若い左翼活動家を中心的役割から遠ざけ排斥する容赦ないキャンペーンを展開した。大西洋の反対側に目を向けてみると、サンダースは民主党指名候補者争いに敗れていた。二〇二〇年初めに築いた彼の優位は、同年三月の二週目にサンダースの選出を阻止するためにジョー・バイデンを支持するよう他の主要な候補者たちが説得され立候補を取り下げたことで崩れたのだった。

ジェネレーション・レフトが経験したこの二つの挫折は当初、彼らの進む方向性を不確かなものにした。若者は現状を受け入れて、中道に向かうのだろうか。若者の声を具現化する存在がいなくなった今、世代間の分断はまた見えなくなっていくのだろうか。これらの問いに答えが与えられる暇もなく、新型コロナウイルスのパンデミックが新たな不確実性を作り出した。二〇〇八年の金融危機がジェネレーション・レフトの形成される条件を作り出したとするならば、パンデミックとそれが経済に与えた影響は新たな政治的世代を形成するのだろうか。私たちはジェネレーション・コロナと出会うのだろうか。

これまでのところ、ジェネレーション・レフトが中道に向かっているような兆候はない。むしろ、まったく逆のことが起こっている。年齢に基づく政治的分断はより明白になっているのだ。このことは世代間の分断が相変わらず顕著だった二〇一九年のイギリス総選挙にも当てはまる。この選挙では、最も若い年齢層の四三パーセントが労働党を支持し、逆に最も高い年齢層の四七パーセントが保守党を支持した。[1]労働党はすべての年齢層で得票数を減らしたものの、世代的パターンは相変わらず存在し、年齢は「人々がどこに投票したかを予想する上で最も重要な指標の一つ」であり続けているのである。[2]ところが、二〇一七年の選挙結果が政治における世代間の分断について多くの議論を巻き起こしたのに対して、二〇一九年の選挙結果後はそうはならなかった。

ジェネレーション・レフト現象はイギリスにおいて実に奇妙な位置を占めている。主流な政治的言論においてはほとんど無視されているにもかかわらず、ジェネレーション・レフトの存在は政治のあらゆる面に影響を及ぼしている。言ってみれば、それは話題にあがっていないものの、イギリス政治の構造的な問題なのである。保守党と右派メディアが「社会問題に目覚めた」若者の危険性を訴える文化戦争の物語を執拗に展開しているのは、若者の間ではコモン・センス（常識）となっている平等主義的な価値観を必死になって否定しようとする試みだと考えられる。現代の右派は、現実の諸問題や危機の存在を否定することに基礎を置き、自身の世界観を揺るがすことのない想像上の脅威を喚起している。たとえば、イギリス政府の高等教育政策について考える際には、「意識の高い」大学教授が学生を洗脳しているという不安をあおる物語に彼らは依拠している。これは、若者が左傾化している現状を、若者が直面している厳しい経済的条件を無視して説明しようとする試みなのである。「全体主義のスノーフレーク世代」という矛盾した物語は、一九九〇年代と二〇〇〇年代初頭に生じた資産価値の高騰から恩恵を受けることができた年齢の人々にとっての単なるアリバイなのである。そして彼らは今、自身の世代が豊かな生活を送ることができたのは自身の個人的努力の結果だと誤って考えるようになっている。

これと同じように、ジェネレーション・レフトが存在するという事実は、中道派の評論家からは常に言及を避けられるか、そうでなければ年齢と階級を分離もしくは対立させることによって無視されている。そして、左派内部における世代間断絶についての議論はしばしば、階級構造についての時代遅れな発想を擁護するだけに終わってしまうのである。コスモポリタンな都市の若年労働者は中産階級であり特権的存在なのであるとして無視される一方で、地方小都市で資産を保有する年金生活者が真正の労働者階級として描かれる。しかし実際は、年齢は階級と対立するどころか、むしろ現在において変化しつつある階級構成を把握するための最も重要な指標なのである。世代が政治的に分裂したのは、人々の物質的利害が分裂したからである。年金を金融資産として運用し、持ち家を所有している五五歳以上、特に六五歳以上の人々にとっては、相互に密接に結びついている金融市場と不動産市場の動向がこれまで以上に自身の利害に絡むようになってきている。株式市場が活況を呈すれば、彼らの年金価値も上昇する。資産価格が高ければ、彼らは豊かさを実感することができ、さらに住宅を担保に入れて低金利で借り入れをおこなうこともできる。しかし、これは若者には当てはまらない。持ち家を所有していない彼らは、賃金に依存するしかなく、生活費の上昇の影響をもろに受けるのだ。さらに、自身の収入のほとんどを家賃の支払いに充てなくてはならない。

二〇〇八年以降、世界中の政府が採用した政策枠組みは、この状況を途方もなく悪化させた。緊縮財政政策は社会保障に対する支出を大幅に削減した一方で、量的金融緩和政策などを通じて津波のように押し寄せた大量の政府資金が資産価値を上昇させた。

しかし、問題をここ最近の政府の政策に還元することはできない。世代間格差が固定化されて存続しているのは、それが現代社会や現代経済の最も根本的であり、かつ長期的で構造的な危機に根ざしたものだからである。二〇一四年にベストセラーとなったトマ・ピケティの『二一世紀の資本』(みすず書房、二〇一四年)は、「r＞g」という有名な不等式によって資本主義の根底にある傾向を明らかにした。すなわち、資産保有の収益率(r)のほうが経済的産出や所得による成長率(g)よりも大きいのである。[3] 主に政治的行動や労働者の強固な組織化など、この傾向への対抗策が採られなければ、資産保有や金融資本、そしてそれに伴うレント型のビジネスモデルは否応なく巨大に成長する傾向があり、経済の支配的形態となるであろう。

資本主義の歴史を振り返ると、フランスでは「栄光の三〇年間」と呼ばれる第二次世界大戦後の高度経済成長期は格差拡大への対抗策が功を奏した時期であった。この時期には、金融市場は制限され、格差は縮小した。そして、資産重視の経済はスタグネーションに陥る傾向があるので、その前後の時期よりも高い成長率を経験した。ベビーブーマー世代はこの能力主義的な時代に生まれ育ち、それを基準に物事を考えるようになった。この世界が一九八〇年代から一九九〇年代にかけて解体されていくにつれて、資産価格の上昇から恩恵を受ける世代がいくつか現れた。このことは世代政治に重要な意味をもっている。ピケティが言うように、資本主義の根底にある傾向が再び前面に表われることで、「過去が未来を蝕む傾向を持つということだ。過去に創出された富は労働を加えなくても、労働に起因する貯蓄可能な富より自動的に急速に増大する」[4]。

このことによって生じた敵対関係がジェネレーション・レフトの形成に重要な役割を担った一方で、それはその構成員をバラバラにする脅威にもなる。リサ・アドキンスらは近著で、「今や、雇用よりも資産保有のほうが階級を決定づける上で重要になっている」と論じている。世代論的に言えば、このことは「世代間の富の移転や相続が、人生の機会を決定づけるものとして重要性を増している」ことを意味するのである。[5] しかし、家族内の富の移転を通じて資産保有へのアクセスをめぐって分断が生じてしまうという、この潜在的可能性に対抗する二つの流れが存在する。まず、家族内の資産保有は政治的には重要だが、資産の大部分は企業が保有しており、こちらのほうが相続を上回る影響力を持っている。[6] イギリスにおいて家族が子に相続させるための富を失う最大の要因は、中期的には、老後のケア費用負担のために持ち家を担保に入れて借り入れをおこなうことである。[7] 二つ目の対抗的な流れは、相続に基づく不平等を正当化する規範が存在しないことである。これまでの世代は、勤労所得だけを元手に購入した資産の価値が増大することに対しては、それを自身の努力の結果であると感じることもできた。しかし、相続や生前贈与、そして親の資産に裏付けられた借り入れなどによって人生の結果が大きく左右されるようになると、そのような感覚が生まれる余地はない。これらの経験から、左派の語る格差についての物語に富の受益者が無関心でいられるとは考えにくい。

新型コロナウイルスのパンデミックはどうだろうか。その世代的影響は、ジェネレーション・レフトにとって有利に働くだろうか、それとも不利に働くだろうか。ウイルスそれ自体のリスクは六〇歳以上、特に七〇歳以上と比べてはるかに低いにもかかわらず、ソーシャル・ディスタンシングの措置によって生じた経済的損失を最も重く背負っているのは、今のところ若者である。この観点から考えると、パンデミックに絡んだロックダウンは若者から年配者に対する計り知れないほど大きな世代間連帯と言えるかもしれない。この連帯は若者を中心とする低リスク層が老人を中心とする高リスク層の買い物を手伝うという相互扶助グループが至るところで生まれたことからも明らかで、さらにそれは全体として見れば若者が自ら積極的に進んでおこなったことであることも世論調査からはっきりしている。

パンデミックの長期的な経済的影響についてはまだわからない点が多い。経済は劇的な形で崩壊しているが、それは収縮という極めて特異な形で起こっている。人同士の接触を減らして感染リスクを低下させるために、経済活動が意図的に縮小されているのである。この状況からどのような形で回復していくのかを予想することは困難である。しかしながら、この危機は世代間の政治的分裂の根底にある構造的問題を解決するのではなく、むしろ悪化させると考えるのが妥当だろう。そして、すでに政治において顕著になっていた傾向は今後も継続していくだろう。すなわち、ジェネレーション・コロナはジェネレーション・

レフトと同様の問題に直面することとなり、ますます多くの人がジェネレーション・レフトに加わり、さらに強力なものにするだろう。

こうしたことが重要であるのは、パンデミックが出来事の起こる予兆となる可能性を秘めているからだ。気候危機が「当たり前」の生活を送ることができなくなるような出来事をいくつも生み出すだろう。また、地球温暖化の影響は世代的不平等の問題を内包している。私自身を含めた上の世代が甚大な炭素を排出してきたために、若者は大幅に制限された「カーボンバジェット」(炭素予算)の中で生活を維持しながら気候危機に取り組まなければならなくなった。年配の世代が排出してきた炭素の影響を受けるのは彼ら自身ではなく、若者やこれから生まれてくる世代であるということなのだ。これは根本的な世代間分裂を引き起こすほど重大な問題である。気候危機対策を怠ったことによって、経験を重ねることに基づく妥当性や権威という年配者の伝統的な世代的主張は崩れ去った。

これはジョン・ランチェスターの気候危機小説『壁』で描かれている問題である。[8] 良質なSF作品の例に漏れず、この小説も現状を踏まえて未来の姿を描いており、いま私たちが置かれている状況をはっきりと提示している。小説に出てくる壁は、大洪水の後にブリテン島の水没しなかった部分を取り囲んでいる。それは壁内部の人々を外部の「他者」

から守っており、外部の者が現れると即座に狙撃する仕掛けになっている。このようにして、『壁』は気候危機の影響による移住が社会の中心的テーマとなるであろう数年後の未来を描くのである。しかし、この小説で最も衝撃的なのは、世代的権威の失墜に焦点を当てているところである。それは若者の主人公による次のセリフに表現されている。

私の世代はみんな親たちと会話ができない。（中略）人生のアドバイスとか、物事の分別とか、「昔の私だったら」形式の知恵とか、親と子の関係の大きな部分を占めていたものがすべて意味を失ってしまった。おじいちゃんに私の誤りを正してほしいかって？　冗談でしょう。それなら過去に行って、めちゃくちゃになった世界を元に戻して、それからここに戻って来てよ。そうしたら話ができるかもね。

このセリフは、最近米国で、気候変動への取り組みを進めるよう訴える児童とダイアン・ファインスタイン上院議員が面会した際のやり取りを撮影した映像を連想させる。この映像が広く拡散されたのは、ファインスタイン上院議員の示した素っ気ない態度のためである。彼女は「すでに私は過去三〇年にわたって気候変動対策に取り組んでおり、ちゃんとわかっています」と語った。映像からわかるのは、子供たちの顔に衝撃と絶望の色が広がったことだ。彼らが怒るのも頷ける。

ファインスタイン上院議員が在職していた過去三〇年の間に、化石燃料の燃焼によって有史以来に大気中に排出された全炭素量のうちの半分以上が放出された。この三〇年で私たちは、比較的安定していた気候から大惨事の一歩手前の状態にまで来てしまった。人為による気候変動の事実を初めて承認した国際条約が一九八八年に調印されているので、私たちはこのような結末を完全に知っていながら環境破壊を続けてきたのである。「物事のやり方」を教える「大人」の知識が私たちをこの地点に導いたのであるから、子供たちが気候変動に対する抗議の先頭に立つのは何ら不思議でもない。

世代間の政治的分裂とジェネレーション・レフトの成長は、私たちの時代における最も根本的で構造的な問題から生じているために、この世代が最初の大きな敗北を経験した後も解消されないのである。今現在、ジェネレーション・レフトは形を変えており、闘争の次の段階に向けて自分たちを政治的に再構成しつつある。若者が自身の利害を主張し、社会をより平等主義的な方向にシフトさせない限り、世代間格差を解消することは決してできないのだ。

謝辞

個人の力だけで理論を構築することはできない。物書きにできることといえば、その時代の知識の総体に自らを没入させ、社会運動が取り組み続けている諸問題の新しい捉え方を提示し、それらを解決するための道筋を提供することだろう。私が関わった知識人の中でも、特に感謝したい人々がいる。まず、本書の編集者を務めたポリティー社のジョージ・オウワースとジュリア・デイビースには、その忍耐強さと編集時の思慮深い助言に感謝申し上げたい。また、ロドリゴ・ヌネスやビュー・ラブナー・ハンセンには、本書の草稿に目を通して様々な意見を述べてくれたことに感謝したい。さらに、私が二〇一一年以降取り組んでいるこの問題の枠組みづくりを手助けしてくれただけでなく、それを実践的に論じようとする際にも重要な教訓を与えてくれた「プランC」の仲間には感謝してもしきれない。また、一年ほど前から関わっている「アシッド・ジョイ・コレクティブ（Acid Joy

Collective)」での議論を通じて、私は自分自身の意識を改革し、選挙論的転回についても考え抜くことができた。また、本書で紹介する考えの多くは、「フリー・アソシエーション」という共同執筆プロジェクトの初期段階から長い時間をかけて練り上げられたものだ。その中でも特に、メンバーであるデヴィッド・ハーヴィーやブライアン・ライヤンは、ギャレス・ブラウンとともに、私の考えに最も影響を与えてくれ、本書で取り上げている問題構成の枠組みを作る手助けしてくれたことに感謝したい。そして最後になってしまったが、常に私を支えてくれただけでなく、楽しませてもくれたアリス・ナッターとメイ・ローズ・ミルバーンに感謝したい。

各世代は、相対的な不透明さのなかにおいてそれぞれ自己の使命を発見し、その使命を果たし、ないしはそれを裏切ることになるはずである。

——フランツ・ファノン

青春の嵐は、輝ける日々に先だつものである。

——ロートレアモン伯爵

1

世代の再考

これまで考えられなかったような事態が、近年起こっている。それは年齢が政治における分断の決定的な要素として現れてきたということだ。若者たちは左派に投票し、左翼的な考えを持つ傾向がますます強くなる一方で、年配の世代は右派に投票し、保守的な社会観を持ち、政治的にもますます保守的になる傾向が強くなっている。全世界でこのような現象が見られるわけではないが、少なくともアメリカやイギリス、そして西欧のほとんどの国ではそうなっている。ここまでの分断は前例がなく、世間の注目を集めつつあるが、その政治的重要性は見過ごされたままだ。これまでの分析のほとんどは、政治的世代やその形成過程についての既存の認識をただ受け入れてきたにすぎない。だが、既存の概念は、それがつくられた一九六〇年代や七〇年代における世代間分断を説明するのには適していたかもしれないが、現在の状況を説明することはできない。現在の世代間分断には独自の特徴があり、それを理解するには政治的世代に関する新たな概念が求められる。そして、若者がいかにして自身の経験や欲望に合うように左派をつくり直しているのかを理解する必要がある。左寄りになる世代は、新世代の左派理論と実践を作り上げているのだ。これは、いまの世界において、考察すべき最も重要な現象の一つなのである。

この本では、ジェネレーション・レフト（左翼世代）の誕生について、世界的に起こった二つの契機を通じて考察していく。一つは二〇一一年に全世界に広がった様々な抗議運動の波、そしてもう一つは、その後の数年で運動が選挙論的転回（electoral turn）を図ったことである。この二つの契機は一見すると矛盾しているように思えるが、その連続性を見れば世代が継続的に発展していることが明らかになる。二〇〇八年の金融危機は、私たちの生きる時代において最も重要な出来事であった。人生の機会をめぐってすでに起こりつつあった世代間の断絶を、金融危機は固定化しさらに深刻化させた。特に若者は、自らの生活状況がますます耐え難いものになっていくにつれて、自分たちに足かせをはめている構造的制約を明らかにし、それを拒否し始めた。政治的継承や代替わりといった世代的ダイナミズムがこの過程を規定している。私たちはいま、歴史の変わり目という稀有な瞬間に立ち会っているのだ。しかし、私たちは心躍る可能性と同時に、最悪の結果をもたらす脅威にも直面している。極右の台頭と気候変動の影響は、私たちの生きる時代に悪夢のように襲いかかってきている。それでも自由と平等を達成するための決定的な一歩を進める可能性は、過去四〇年間で最も高まっていると言えよう。今日の政治闘争の結果は、今後何十年にもわたって世界の方向性を決定するだろう。その意味で、ジェネレーション・レフトの取り組みに懸っているものはかつてないほど大きい。

若者の左傾化

二〇一七年夏、ザ・ホワイト・ストライプスの曲「セブン・ネイション・アーミー」に乗せられた「おお、ジェレミー・コービン」の掛け声がイギリス中の繁華街やパブ、音楽フェスティバルに響き渡った。その音の波はまさに、イギリスにおける世代間の政治的分断を、その特異な状況のままに具現化するものだった。同年六月におこなわれた総選挙で労働党に対する若者の支持が劇的に増大し、その支持の声は、二〇一五年に党首に選出された六八歳の物腰柔らかな左翼であるジェレミー・コービンという全く予想外の人物に集中した。年齢が突如、イギリスにおいて投票予定先を決定づける最も重要な指標として登場したのだ。一八歳から二四歳の支持率をみると、労働党は保守党よりも五四パーセントも高かった。一方で、保守党は六五歳以上の有権者においては、労働党に三五ポイントも上回っている。[1] しばしば言及される世論調査会社 YouGov の調査結果によれば、保守党への支持は年齢が一〇歳上がるごとに九パーセント増加することが明らかになっている。最も年齢の低い有権者と最も年齢の高い有権者の投票予定先には、驚くべきことに九七ポイントもの差がある。このような分断は歴史上に例がないばかりか、ここ数年間で急激にひろがったものであった。二〇一〇年の総選挙でさえ、年齢による差はわずか一五ポイントしかなかったのだ。[2]

アメリカにおいては、世代間の政治的な分断は二〇一六年の大統領選に向けた民主党の候補者指名争いにおいて最も顕著に現れた。当時、国会議員で唯一社会主義者と自認していたバーニー・サンダース上院議員は、ヒラリー・クリントンを最後まで追い詰め周囲を驚かせた。サンダースの動きは単に若年層の票とアクティビズムに突き動かされていたというだけではない。アメリカ史上初の女性大統領誕生の可能性をはらんでいた選挙であったにもかかわらず、驚くべきことに投票行動を決定づけた最大の要因は性別でも人種でも階級でもなく、年齢だったのだ。このことははっきりと数字に表れている。一七歳から二九歳の有権者の七二パーセントはサンダースに投票しており、クリントンを支持したのはわずか二八パーセントであった。一方で、高齢の有権者においては、その傾向は全く逆になっている。六五歳以上の有権者の七一パーセントはクリントンを支持し、サンダースを支持したのはわずか二七パーセントだった。若者におけるサンダース支持は圧倒的で、三〇歳未満の投票者ではトランプとクリントンを合わせた得票数よりもサンダース一人の得票数のほうが多かった。[3]

バーニー・サンダースの選挙戦は単に「民主党を左寄りに」しているだけでなく、「世代を左寄りに」しており、「勝つか負けるかにかかわらず、アメリカの歴史上もっとも人数の多い世代の政治に対する考え方にサンダースは影響を与えている」と、アメリカの主要な世論調査専門家の一人であるジョン・デラ・ボルプは二〇一六年四月に述べている。[4]同年におこなわれたハーバード大学政治研究所による調査でも、若者はあらゆる左翼的な考えに共感を示していることがわかった。その最たる例は、彼らの社会主義に対する考えが変化したことである。一八歳から二九歳の若者の三三パーセントは社会主義に肯定的で、彼らの過半数が資本主義に反対だと回答している。[5]なお、二〇一五年におこなわれた別の調査が六五歳以上に同じ質問をしたところ、冷戦を経験したこの世代は五九パーセントが資本主義に賛成しており、社会主義を好意的に捉えていた割合はわずか一五パーセントにとどまっている。[6]

しかし、デラ・ボルプはサンダースの役割を過大評価していると言えるだろう。というのもこのような瞬間は、すでに水面下で進んでいた傾向を表出させ、加速化させるきっかけにすぎないからだ。そして、アメリカにおけるその急速な変化は、サンダースの選挙戦以降に政治団体「アメリカ民主社会主義者（DSA=Democratic Socialists of America）」が成長したことに最もはっきりと見ることができる。メンバーが民主党候補者として出馬することもあるこの左翼団体には、二〇一六年六月時点でわずか六五〇〇人しかいなかったが、二〇一八年九月には五万人にまで成長している。一方、メンバーの平均年齢は二〇一三年時点の六八歳から二〇一七年には三三歳にまで低下している。極めつけは、ＤＳＡのメンバーである二八歳のアレクサンドリア・オカシオ=コルテスが二〇一八年に、ニューヨーク下院議員を一八年間勤めた現職のジョー・クローリーを破って民主党議員候補に選ばれたことだろう。若い有権者の圧倒的な支持に導かれて起こったこの番狂わせは、アメリカの予備選や本選挙における左翼候補者の当選の波を反映したものだった。二〇一八年九月までに、民主党を支持するミレニアル世代（二二歳から三七歳）のうち四八パーセントが社会主義者もしくは民主社会主義者と自認するようになった。[7] 同様の現象は世界中でくり返し起こった。ギリシャのシリザからスペインのポデモスまで、多くの国で若者の支持が左翼の選挙プロジェクトの成功の鍵になっている。別々の国でほぼ同時に起こっているこのような地殻変動の背景には、一国の政治体制を超えて世界的に共通する原因があると考えられる。

しかし、近年起こった政治的激変はこれだけではない。二〇一六年に起こった最大の衝撃は、ドナルド・トランプが当選したことだ。そのうえ、トランプ対クリントンの選挙戦においては、年齢層別の政治的分断はかなり曖昧であった。確かにクリントンはトランプよりも多くの若者票を獲得したものの、それはオバマが若者から得た支持よりも遥かに少なかった。サンダースの左派的な思想に熱狂した若者の多くは、クリントンの新自由主義的な中道主義に失望した。しかし、若者世代が中道から距離を取りつつあったとしても、世界的にみるとそれが必ずしも左に向かっているわけではない。ハンガリーやポーランドといった東欧諸国においては、右派や極右政権の台頭が若者による支持の結果として起こっているのだ。そうだとすると、至るところで確認することができるものの万国共通ではない若者の左傾化という現象を私たちはどう捉えればよいだろうか。

スノーフレーク世代か？
それともめちゃくちゃにされた世代か？

若者が左翼政治を支持するようになるという新しい傾向について分析するには、まず既存の議論を踏まえておく必要がある。というのも、「ミレニアル世代」と呼ばれているものの説明として二つの対立する物語がすでに存在しているからだ。第一の物語によると、ミレニアル世代はちょっとしたことですぐに傷ついてしまう「スノーフレーク（雪片）世代」であり、左派に投票するのは彼らが過酷な現実を受け入れることができないからだという。マスメディアが垂れ流すこの右翼的言説は、紙ナプキン産業の凋落から核家族の衰退に至るまで、ありとあらゆる問題の原因をミレニアル世代に押し付けるという非常に馬鹿げたものだ。この考えの中心には、ミレニアル世代はこれまでのどの世代よりも最初から何でも与えられており、努力もしないで豊かな生活を過度に要求しているのだという主張がある。さらに、ミレニアル世代は自分の見られ方を気にするナルシシストで、称賛や承認を苦労しないで得ることに躍起になっているというイメージがこの物語を補強している。ブルース・トゥルガンの『みんなが勝ち組になるわけではない』（未邦訳）やジーン・トゥェンギの『「私」世代』(未邦訳)といった書籍がその典型である。[8] ミレニアル世代は甘やかされ続けたために、自身の価値観を揺るがすような考えを受け入れることができず、すぐに壊れてしまうほど脆い雪片になっているというのがこれらの書籍の主な主張だ。こうした決り文句は、メディアに出てくるコメンテーターや「専門家」によって際限なく繰り返される。そうして暴力的に何度も主張し続けられたことで、小さな学生グループの「セーフ・スペース」運動が今日の主要な政治的課題にさえなったのだ。

一方で、ミレニアル世代は甘やかされているどころか、むしろめちゃくちゃにされているというもう一つの物語も存在する。イギリスについて言えば、ミレニアル世代は歴史上初めて、自身の二つ上の世代よりも生涯年収が低くなる世代である。これは予想ではなくすでに事実となっている。二〇一六年に、ミレニアル世代の若者が三〇歳になるまでに得る平均収入は、ひとつ上の世代が同じ年齢になるまでに得る平均収入より八〇〇〇ポンドも低くなることが明らかになっている。[9] 一九九〇年代と二〇〇〇年代に起こった住宅価格の高騰は主に年配の世代に資するものだった。一方、賃金の下落は他の世代よりも若者に与えた影響が大きく、また金融危機後の融資引き締めも重なり、持ち家を手に入れることはほとんどの若者にとって夢物語となっている。その結果、若者は三〇歳になるまでにべビーブーマー世代よりも平均して四万四〇〇〇ポンドも多くを家賃に費やす「ジェネレーション・レント（賃貸世代）」と化している[10]。さらに状況を悪化させているのは、いまの若者には莫大な学生ローンの借り入れがあるにもかかわらず、卒業してもまともな仕事を見つけるのが難しいことだ。もちろん、これらの問題は金融危機以前にもみられたが、金融危機によって状況が急激に悪化したことは間違いない。イギリスにおいては、「二〇〇七年以降に蓄積された富の総額二兆七〇〇〇億ポンドの三分の二は六五歳以上の人の手に渡っており、残りもすべて四五歳以上の人が手にしている。一方で、一六歳から三四歳の保有する富は一〇パーセント減少した[11]」。

様々な次元で明白になったこの世代間の不正義を否定するような有効な反証は未だになされていない。だとすると、若者が与えられ過ぎているという、よく引き合いに出される神話についてはどう考えればよいだろうか。ある側面においては、このような言説は若者に対するイデオロギーを構築するために作られている。賃金が下落し、社会福祉が縮小され、生活水準が低下している時代において、若者の抱く期待を少しずつ破壊していくことは、右派にとっては有益であろう。しかし、「スノーフレーク世代」の物語は実は若者をターゲットにしているわけではない。これは、年配の世代のうちの裕福な層が自身の存在を正当化して気を楽にするための道徳物語と見るべきである。富裕層は基本的に壊滅的な経済状況においても利益を得た側だったが、ここでいわれる言説はそのような状況における彼らの立ち位置を説明するのに最適であった。まさにこれがこの物語の魅力なのであるが、以下で紹介するように、この道徳物語はいかにして世代間の差異が生まれるかについての極めて限定的で奇妙な理論に基づいて構成されている。

右翼のコメンテーターはミレニアル世代に対して全く同じモラル・パニックを何十年もくり返しているが、物語のテンプレートはもっと前に作られていた。実のところ、スノーフレーク世代というキャラクターは、ミレニアル世代が問題になるはるか以前に誕生していたのだ。ニール・ハウとウィリアム・ストラウスは、一九九一年に出版された共著『世代——アメリカの未来の歴史、一五八四年から二〇六九年まで』（未邦訳）で、ミレニアル世代という用語を作り出した。本書とその後に出版された書籍において、元アメリカ議会職員であったこの二人の素人歴史家は、歴史は世代のパターンに支配されているという宿命的な理論を編み出した。それによれば、歴史とは芸術家、預言者、ノマド、そしてヒーローという四つの型のサイクルであり、各世代が順番にそれぞれの役割を担うというのだ。そして、このサイクルはアメリカ独立戦争から始まっており、未来の世代の特徴も二〇六九年まで順に配置できると彼らは主張した。[12] このシェーマは論じる価値もないが、それにもかかわらず影響力を持っており、占星術で使うホロスコープのような機能を果たしている。ハウとストラウスの主張は曖昧であるが、まさにそうであるからこそ元々あった偏見を強化することになったのだ。二〇〇〇年に出版された『目覚めるミレニアル世代』（未邦訳）で、彼らは自分たちの理論モデルをミレニアル世代に当てはめようとする。この本ではミレニアル世代は一九八二年から二〇〇三年に誕生した人と定義され、出版当時にはまだ生まれていない人も含めて、その世代の全員が「ヒーロー世代」の一員になることを運命づけられているという。「彼らは楽観的（中略）彼らは協力的なチームプレーヤー（中略）彼らは権威に従う（中略）彼らはルールを守る（中略）彼らは記憶にある限りで最も世話を焼かれている世代（中略）今日の子どもたちは将来に期待を抱いており、自分がその最先端を行くと信じている」[13]。ミレニアル世代に対する彼らの主張のほとんどは二〇〇八年の金融危機で忘れ去られてしまったが、過保護な世代だという話だけは生き残った。なぜなら、それが世代とはどういうもので、どのように生まれるのかについての彼らの考えの根本に関わるからであった。

ハウとストラウスにとって、世代のサイクルつまり歴史の流れは、子育てスタイルの変化によって決定される。彼らによれば、他の世代が各々の役割を十分に果たすことができなくなった際の対処法は、各世代が自身の幼少期に受けた「共通体験」に基づいて決定されるという。X世代はベビーブーマー世代の両親にほったらかされて育ったため、この体験に運命づけられた通り、過保護な親になった。子育てのスタイルは万国共通であり他の歴史的変化から切り離されるとするこの「子育て決定論」には到底妥当性があるとは言えず、著者らの提示する根拠には全く説得力がない。しかしながら、当時支配的だったイデオロギーのもとでは、別の説明方法を提示することは困難であった。マーガレット・サッチャーは「社会など存在しない」と言ったが、[14] 新自由主義的世界観が説くように、自由に契約を結ぶことができる個人と家族だけが唯一の自然な社会的単位だと考えるのであれば、集団的現象を説明するために考慮しなければならない要素はほとんどなくなる。この考え方に従えば、世代間の乖離を説明するために家族関係を取り上げるのは不思議ではない。とはいえ、このような説明で満足しない人はどうすればいいだろうか。

なにが世代を形作るのか？

個々の家族ではなく社会との関係に基づいて世代を分析する際には、一般的に、各世代を二〇年ごとに区切って語られることが多い。一般的な子育て期間を一八歳から三八歳までの二〇年間と定めてその子供も同じような経験をすると仮定すれば、このように考える理屈はわかりやすい。ただここで問題が生じる。子供が毎日生まれている中で、ある世代から別の世代へどこかで切り替わったと、どうやって判断すればいいのだろうか。一般的に、ある世代から別の世代へは順次的に移行すると理解されている。子育て方法は順次的に変化するものであり、また超歴史的な子育て方法など存在しないとすると、世代とは人口動態から内発的に生じるものだという考えにたどり着く。出生率は変動するので、世代とは際立って人数が多いか、それとも際立って少ない年齢層のことになる。たとえば、世代間正義について研究しているシンクタンク「レゾリューション基金」は、報告書「スタグネーション世代」において、第二次世界大戦後の世代を四つに分けている。まず一九四六年から一九六五年はベビーブーマー世代、次に一九六六年から一九八〇年はX世代、一九八一年から二〇〇〇年はミレニアル世代、そして、まだ名前が付けられていない二〇〇一年から二〇一五年の世代だ。[15] この分類は、人数の多い世代と少ない世代が交互に生まれるという大まかなパターンをたどっているが、各世代の始まりと終わりに関しては議論が分かれている。

このような不確定な要素を踏まえると、この議論について今一度考えてみる必要があるだろう。世代間の差異は常に明確に現れてくるわけではない。世代間の断絶が政治的論争の的になったのは、直近では一九六〇年代から七〇年代にかけてであるが、当時それは文化的価値観の違いとして議論されていた。当時、成人を迎えていたのはベビーブーマー世代で、彼らはその巨大さゆえに独自の若者文化を生み出し、それに対する人々の関心を引き寄せた。実のところ、世代は人口動態から内発的に発生するという考えには、ベビーブーマー世代を取り巻く状況が最も当てはまる。この世代は出生率の突然の急増によって生じた巨大な年齢層であり、その二〇年後には出生率が急激に低下している。とはいえ、少し深堀りすれば、ベビーブーマー世代を例にした場合にさえ、この考えは疑わしいことが明らかになる。ベビーブーマー世代という年齢層の始まりと終わりは、人口動態に多大な影響を与えた二つの出来事によって明確に規定されている。この世代は、第二次世界大戦後の出生率の急増によって始まり、避妊薬の開発によって終わりを迎えた。これら二つの出来事はほとんどの先進国でほぼ同時に起こったため、国境を越えて同じような人口動態の変化が各国内で発生した。しかし、ベビーブーマー世代の始まりと終わりを定めた二つの出来事の発生原因は、順次的な世代形成のパターンとは関係のない外在的なものである。たとえば、避妊薬の開発と普及の原因が、当時の年齢層の大きさによるものだと主張することはできないだろう。同様に、第二次世界大戦とその終わりは、出生率とは無関係のいくつもの複雑な原因によって引き起こされている。これらの出来事は、人口変動に関する帰結をもたらしはするが、その原因ではない。

ここから二つのことが言える。第一に、世代間の差異を出生率の変化に還元することは、端的に言えば、より広い社会的また技術的要因を覆い隠すことに繋がる。第二に、そもそも世代が出生率の変化によって定義できるとする考えそのものが、ベビーブーマー世代の経験に基づいていると言ってよいだろう。というのも、ベビーブーマー世代にしかこの考えは当てはまらないからだ。世代についてのこの考え方はベビーブーマー世代を反映しているにすぎず、そしてベビーブーマー世代以降は世代間の差異があまり重要ではなかったにもかかわらずその後の世代にも当てはめられてきた。だから、この考えは議論の出発点から遠ざかるにつれて、ますます一貫性を失っていく。いま起こっている世代間の断絶はベビーブーマー世代の経験とは全く違うものであり、それを説明するには世代に関する別の考え方が必要になる。現在の社会経済的および政治的な世代間格差の原因を分析し、年齢層の相対的規模がその根底にあるのかどうかを問うことで、この仮説を検証することができる。

いまの世代を生み出したものはなにか？

イギリス保守党のデービッド・ウィレッツ高等教育・科学担当大臣が二〇一〇年に出版した世代間正義に関する著書『ピンチ』（未邦訳）は大きな影響を及ぼした。[16] ウィレッツは同書で、世代間で生活水準に格差が現在生じているのは、巨大な人口を抱えるベビーブーマー世代が自分たちに有利になるように政治に影響を与えているからだと主張した。同じ様に、エド・ホーカーとシブ・マリクの二〇一三年の共著『捨てられた世代』（未邦訳）も、年配世代の投票者数の多さに要因があるとした。しかし、世代ごとの人数や投票者数はこれまでも増えたり減ったりしてきた。ではなぜ、年齢がここ最近になって初めて、政治的動向を決定づける重要な鍵となったのだろうか。ホーカーとマリクは、五年おきにおこなわれる選挙サイクルに加えて、「世論調査会社や専門家」や「早期リターンに執着する金融市場」などにも責任があるという。これらの要因によって、民主主義的政府にも短期的思考に向かう「自然な流れ」が生まれ、若者が犠牲になっているのだと彼らは主張した。[17] 前述した報告書「スタグネーション世代」は、「ベビーブーマー世代は運が良かっただけである。住宅市場と企業年金システムにちょうど良いタイミングで参入することができた」[18]と述べている。しかし、住宅価格を高騰させた原因はなんだったのか。なぜ金融市場はより力を持つようになったのか。なぜ世論調査会社や専門家の影響力が増し、大衆民主主義は力を失っていったのか。これらはすべてたまたま起こっただけなのだろうか。

おそらくイデオロギー的に認識することすらできなくなっているのだろうが、これらの主張が無視しているのは二〇〇八年の経済危機が果たした役割である。金融危機とその後の展開は、世代間格差の基礎となる経済状況の急激な変化を作り出したが、それだけではない。二〇〇八年の出来事は、新自由主義経済への合意を揺るがす画期でもあったのだ。これより一つ前の画期となった一九七〇年代の危機から生まれた現在の新自由主義は、実質賃金の上昇を四〇年にわたって抑え込んできた。[19] 賃金下落の主な原因となった労働組合の権利に対する制限や組合員数の減少は、もっと広い領域で進行していた民主主義の空洞化のほんの一部に過ぎない。[20] 新自由主義は暗黙の合意に基づいて、その見返りとしての安い商品と借り入れ機会の拡大を通して安定した生活水準を提供してきた。低賃金労働を求めて生産拠点がグローバルサウスへ移動するにつれて、消費財の価格も下がっていった。とはいえ、先進国が最終的なグローバルな消費者でいることに変わりはなかった。そして、賃金が減少している時代においても消費が拡大したのは、住宅価格の高騰に裏付けられた低金利の融資を受けることができたからだ。そのため、住宅バブルの崩壊が金融危機の引き金になったのは偶然ではなかった。

世代間格差を長期にわたって生み出している要因は、より一層過酷さを増す新自由主義政策である。労働条件や社会的再生産の基盤がますます悪化していくにつれて、若者が他の世代よりも負の影響を被ることになった。年配の世代は安定した雇用を手に入れ、高水準の年金を受け取り、そして新自由主義的改革に裏打ちされた住宅価格の高騰による恩恵を受けることができた世代であった。この傾向は二〇〇八年の危機によって更に強まった。ただ、より重要なことは、将来への希望という新自由主義的合意体制を支える重要な柱を金融危機が打ち砕いたということだ。つまり、仮に自分の世代が恩恵を受けられなくとも、自分の子供の世代の生活水準は将来的に改善するはずだという期待が木端微塵に打ち砕かれたのである。

出来事が世代を形作る

二〇〇八年の危機などの出来事を考慮にいれた概念として政治的世代を捉えるならば、カール・マンハイムが一九二三年に書いた論文「世代の問題」を参照するのが有益だろう。これは世代というテーマについて、社会学的に正面から考察した最初の論文だといえる。マンハイムは世代間の断絶を、順次、サイクルのように起こるものとは捉えなかった。世代的断絶は「社会的および精神的変貌の速度がもろもろの価値態度をあまりに急速に変化させる結果、伝統的な経験・思考および表現形式がそれに対応して、続けて潜在的な自己調整をおこなうことが、もはやできないほどになった場合」にのみ生じるという[21]のだ。ただ、そうだとすると新たな問題が生じる。私たちは現在、あらゆる領域で目まぐるしい変化が起こる時代を生きているが、ここで起こる変化のほとんどはiPhoneが新しくなったり、スター・ウォーズの新しいエピソードが公開されたりという取るに足らないものだ。ランペドゥーサの言葉を借りれば、何一つ変えないためにすべてのものが変わっているという印象を受けているのではないかとさえ思える。こういった無意味な変化と世代を形作るような変化とを区別するためには、現代の批判理論で使われている「出来事」という概念を用いて考えることが有益である。

出来事という概念は長年、アルチュセールやドゥルーズ、バディウらが探求した現代哲学の中心的テーマであった。概念の中身について思想家の間で違いはあるものの、出来事とは、社会のコモン・センス（常識）を打ち破るような変化が突如として起こる瞬間だと定義することができる。社会について語られている物語を動揺させ、その社会についての常識的な理解の仕方を破壊するものが出来事なのだ。出来事は突然、不意打ちでやってきて、これまでの変化の方向性を根本から変えてしまう。なぜなら、出来事は「われわれが変化の事実を測るパラメーター」を変えてしまうからだ。[22] マンハイムはこのような水準で起こる大転換を想定して、世代を「現実の社会的および精神的内容が動揺して新しいものの生成する領域」に結びつけたのだ。[23]

マンハイムによれば、自分自身を形作ってきた過去の経験には「自然的な世界像として定着する傾向」があるため、人間は新しい出来事を昔の経験に基づいて解釈する傾向にある。[24] このため、年配の世代のほうが出来事によって生じた亀裂を受け入れるのを困難に感じやすいのだという。一方、過去の経験によって形成された解釈のレンズが強固でない若者は、出来事によって生み出される諸問題に「新鮮な関わり」を持つことになり、諸問題に深く関わることができる。発生した出来事を受け止める際に、知的ないし精神的資質に年齢層によって大きな違いがあれば、世代間の分断が生じることになる。ただし、出来事についてのこれまでの研究には、世代と年齢との関係がわかりにくい部分もある。第一に、出来事はさまざまな規模で起こる。それが真に重大な出来事であれば、強固な既存の解釈レンズを持っている人に対しても考え方の変容を迫るかもしれない。第二に、特に非政治化された期間に起こった政治的出来事は、強固な政治的認識の不在によって、起こった出来事との「新鮮な関わり」を持つ人の幅が広がる可能性がある。事実、マンハイムは「一定の世代衝動もまた恵まれた時代状況にあるならば、その前や続く年齢層の個々の構成員を惹きつけることができる」と述べている。[25]

重大な出来事は、それを受け入れることのできる人々のあいだに、マンハイムが共通の世代状態と定義する状況を生み出すが、この状態そのものが出来事の意味やそれが新たに作り出す考え方を決めるわけではない。出来事とは不安定化をもたらす瞬間である。そこから新たな問題が提示されたとしても、出来事それ自体から首尾一貫した政治変革のプロジェクトや方向性が生み出されることはないのだ。マンハイムいわく、「それぞれ異なった特定の方式でこの経験の素材を加工する」ために様々な「世代統一」が形成される。条件が整えば、そして出来事に十分なインパクトがあれば、この世代統一は「一定の世代状態を多かれ少なかれより適当に表現」することによって他の世代に対して主導権を握ろうとする。[26] つまり、世代が誕生するためには、その基礎になるような出来事が生み出した具体的な思潮を探求することが必要なのである。[27] まさに、フランツ・ファノンが「各世代は、相対的な不透明さのなかにおいてそれぞれ自己の使命を発見し、その使命を果たし、ないしはそれを裏切ることになるはずである」と述べたものである。[28] このように世代を捉えることで、二〇〇八年の経済危機の果たした役割を理解することができるようになる。つまり、この経済危機は世代間の不正義という長期的な傾向を、世代形成という急速な変化へと結晶化させるものだったのである。ただし、現在の世代的格差は、年齢層ごとの知的資源の違いと同じくらい、それぞれが出来事に遭遇する際に持っていた物質的資源の多寡によっても生じている。現在の世代間格差は、生活水準や人生における成功の可能性、そして収入や保有する資産について、大幅な格差が世代間で生じていることに見出すことができる。私たちは、このような状態を表現する言葉をすでに知っている。それは階級だ。にもかかわらず、分断が年齢を軸に生じているのはなぜなのだろうか。
イギリスの世論調査会社は、階級の指標として全国読者層調査（NRS）ソーシャルグレードシステムを用いている。市場調査のために五〇年以上も前に作られたこの調査方法で使用されているカテゴリーは、現在ではもう時代遅れの階級形成のパターンに基づいている。肉体労働者を「労働者階級」に、非肉体労働者を「中産階級」に分類しているだけでなく、所得水準や雇用の安定性、資産保有の有無といった要素を一切考慮していないために、この調査は現代社会のあり方を反映しているとは言いがたい。コールセンターの労働者を中産階級に分類するような調査結果を妥当なものとして扱うことはできないだろう。労働市場が変化したことにより、年配の世代は肉体労働に、若者はシンボリックアナリスト、ケアワーカー、もしくはその他のサービス業に従事する傾向が強くなっている。これはつまり、世論調査における階級は、ほとんどの場合、年齢を表現しているのである。[29]
スチュアート・ホールいわく、現代において階級が体現される様相の一つが年齢だという。特に、若者は自身の階級的立場をまさに年齢を通して認識する。ただし、年齢に着目することは、若者と高齢者に共通する階級的利害の認識を困難にするという弊害がある。さらに、階級は年齢によって分断されているが、同一の年齢層内にも階級的分断がある。

たとえば、イギリス労働・年金省が発表した二〇一六年の調査によれば、年金受給者の四分の一は持ち家を保有しておらず、一六〇万人が貧困状態におかれているという。全国読者層調査ソーシャルグレードシステムの指標では、このような複雑な状況に光が当たることはない。新たな分断によって対話不能になるような瞬間が生じているとするならば、そのような階級構成の変化を正確に把握するための階級概念が必要である。こうしたダイナミズムを捉えて、その分断を乗り越えていく方法を考える上で参考になるのが階級構成分析である。しかし、この分析手法を参照するにあたっては、マンハイムの世代論に立ち戻る必要があるだろう。以下で説明するように、この二つの理論には整合性がある。というのも、かつて世代間で政治的な対話不能状態が発生したときに要請されたのが、この階級構成分析だからだ。本書の概念枠組みは世代分析と階級分析の二本柱で構成されているため、もう少し階級構成分析について検討していきたい。

階級はいかにして構成されるのか

階級構成分析においては、階級は所与の固定されたものとしてではなく、むしろ動的なものとして捉えられる。階級とは断続的に構成され、解体され、また再構成される動態なのだ。そして階級構成分析は、階級構成を促す二つのダイナミズムに焦点をあてる。第一に、階級は資本の自己増殖の必要性が人々の生活を構造化し制約する特殊なあり方によって構成される。資本主義社会では、人々のニーズや欲望よりも会計帳簿に新たな桁を書き足すという衝動が優先される。サメが泳ぎ続けなければ呼吸できずに死んでしまうように、資本も増殖し続けなければならず、おおよそ年三パーセントの成長が見込めなければシステムそのものが破綻してしまう。[30]ただ、これは階級についての一側面でしかない。資本は様々な形で人々の生活を構造化し制限しているが、そこから生まれる共通の経験は、人々が単に労働者や借家人や債務者や主婦であることをやめ、自身に課せられた制約を乗り越えるための基礎にもなる。この第二のダイナミズムは、階級構成分析においては、労働者階級が資本から自律性を獲得するための衝動だと理解される。[31]階級構成分析は、オペライズモ(労働者主義)と呼ばれる一九六〇年代に起こったイタリアのマルクス主義知識人の運動によって始まった。当時、イタリアの既存の左翼は、新世代の労働者の抱える問題とそれに対する闘い方や未来への展望を理解することができず、世代間の対話が困難な状態に陥っていた。この対話不能性に対処するべく考え出されたのが、まさに階級構成分析であった。

世代的分断の最初の徴候は、一九六〇年代初頭にイタリアの工場で立て続けに起こった山猫ストライキであった。ストライキに参加した若者は、経営側にだけでなく、自分たちの労働組合幹部に対しても敵対的な態度を強めていった。若者のこのような傾向は、一九六二年にフィアット〔イタリアの自動車メーカー=訳注〕の工場で起こったストライキの最中に頂点に達した。イタリア社会党を支持していたイタリア労働同盟は経営側と交渉し、ストライキ参加者や関係する他の労働組合への相談なしに職場復帰に合意した。それに対して怒った数百人の労働者は、トリノのピアッツァ・スタトゥートにある労働組合事務所を包囲した。組合事務所を守るために警察が呼ばれ、三日間におよぶ暴動が発生した。「ピアッツァ・スタトゥートの反乱」と呼ばれたこの事件によって、左派の内部に大きな亀裂が生じることになった。

社会党や共産党とつながりのある知識人は、この暴動を煽動家や工作員の仕業だと退けた。しかし、政治雑誌『クアデルニ・ロッシ（*Quaderni Rossi*）』に関わっていた少数のマルクス主義社会学者のうちの反主流派は、ピアッツァ・スタトゥートの反乱を左翼政治の新しいあり方の徴候か、もしくは新たな政治的構成の出現だと捉えた。そして、この新しい政治的潮流と、オペライスタ〔オペライズモの知識人〕らが一九五〇年代末からイタリアの工場で続けていた労働者への調査によって発見しつつあった、労働に関する新たな経験との間に関連性があることに着目した。その労働者の調査は、多数の工場労働者、特にイタリア南部出身で若者を中心とした層が、当時の左派主流派が想定していたものとは大きく異なる仕方で労働過程に関わっていることを明らかにしていたのである。

イタリア共産党は新たなテクノロジーや科学的管理法の導入に対しておおむね好意的であった。それが単に資本にとって有益であるという点を超えて、本質的に進歩性と合理性を備えていると彼らは考えたのである。[32] 工場の現場では、戦闘的な年配の世代の労働者が組合幹部を務めていた。彼らには熟練が必要な専門的な職務を割り当てられる傾向があり、労働過程に対して一定の自律性を有していたため、新技術に置き換えられる可能性は相対的に低かった。一方、若年労働者の多くは特別な技能があまり必要ではない職務を担っていた。また、若者は労働から疎外されている傾向が強く、新たに導入されたテクノロジーやテイラー主義を実際に経験する中で、それらが労働の自律性をめぐる闘争において経営側に有利な状況を作り出す武器だと考えるようになった。[33] 左派のイデオロギー的立場と若年労働者の経験との間にあったこのような矛盾が、労働組合幹部に対する敵対的な態度を生み出したのだ。世代間の緊張関係は、工場における労働と労働者の構成が変化したことの結果として生じていた。オペライスタはこの新たに出現した階級構成を大衆労働者と呼んだ。

オペライズモの創始者の一人であるイタリアの哲学者マリオ・トロンティによる有名なコペルニクス的転回は、この文脈において理解することができる。トロンティによれば、理論家はあまりにも長い間、資本主義的発展を前提に物を考えてきた。しかし、これからは発想を逆転させて、資本の決定から自律的であろうと闘っている労働者階級の視点を取り入れなければならない。[34] 歴史的文脈を踏まえると、この指摘は過去の階級構成に縛られて資本主義的発展を自明視していた当時のイタリア共産党に対する批判であったと言える。しかしながら、大衆労働者という新たな政治的構成が生まれつつあることを発見する上で、ピアッツァ・スタトゥートの反乱という出来事が決定的な役割を果たしたことは無視できない。事実、後のオペライスタの組織の一つである「ポテーレ・オペライオ（労働者の力）」は、「ピアッツァ・スタトゥートの反乱が組織発足のきっかけになった」とさえ主張しているのだ。

階級構成分析の鍵となるのは、階級の技術的構成と政治的構成を区別することである。この分析方法がどのように生まれたか知るために、セルヒオ・ボローニャの研究を参照しよう。[35]オペライズモに関わる歴史家であったボローニャは、ある形態の出来事がくり返し起こるという現象を理解しようとするなかで、この技術的構成と政治的構成というカテゴリーを練り上げた。ボローニャは、なぜ労働者階級の闘争がいつも似通った闘争形態や組織形態をとるのか、そしてなぜそれが波のように異なる国々や文脈に突如として同時に起こるのかを説明しようとした。特に彼の念頭にあったのは、一九一八年から一九年にドイツで起こった労働者評議会設立の波であり、一九一九年から二〇年にはイタリアにも到来し、やがて「ビエニオ・ロッソ（赤い二年間）」と呼ばれるようになる現象だった。イタリアでの労働者評議会運動はトリノやミランにおける一連の工場占拠の大波で頂点に達し、工場の中には労働者主導で生産活動を新たに開始したケースもあった。ボローニャがこの時期に着目したのは、イタリア共産党がこの時に結成されたからだ。労働者評議会こそが、その後のイタリア共産党のイデオロギーにも通底していた共通の技術的構成に光を当てることのできる政治的形態であった。

もちろん、闘争のサイクルが起こる背景には、他の闘争を真似したり影響を受けたりするという要素はあるだろう。しかし、このサイクルは資本主義のダイナミズムによって促進されるのだとボローニャは主張する。資本主義的競争によって、新たなテクノロジーの導入や労働過程の再編が異なる文脈で進むと、労働や生活の似通った経験も同時に広まり共有されていく。この共通の技術的基盤、そしてそれに労働者が適応する中で形成される労働文化こそが、階級の技術的構成を作り上げるのだ。このため、階級の技術的構成について考える上では、テクノロジーそれ自体だけでなく、それに規定されている支配的なビジネスモデルやテクノロジーの導入を促進する国の政策をも考慮に入れた、技術的・経済的パラダイムを採用する必要がある。異なる技術的構成によって、闘争のあり方は異なる環境的影響を受ける。特定の闘争形態が困難になり、それによって闘争発生の頻度は下がり、効果的でもなくなるのだ。しかし、自律性を求める労働者の闘争が完全に鎮圧されるということはなく、闘争が再燃する時には技術的構成の環境的影響に耐えられるような新しい形態で現れる。ドイツの労働者評議会に関するボローニャの分析によれば、闘争に参加していたのはボローニャが「専門労働者」と呼ぶ熟練労働者であり、彼らは労働過程に対して高度な知識と自律性を保持していた。評議会という形態の政治運動が採用されたのはこのためで、彼らにとっての革命とは、工場を占拠して労働者主導で生産活動を再構築することを意味した。フォーディズムによる労働過程の再編と、それに付随するテイラー主義の科学的管理法は、まさにこの熟練の知を労働者から剥奪し、管理者の手に移すことを狙っていた。[36] このような資本の巻き返しを反映して、「大衆労働者」は働くことを拒否することによって労働者の自律性を表明した。労働に意味を見出して管理者から取り戻そうとするのではなく、労働しないようにすることで労働の外部に自律性を確保しようとしたのだ。

階級構成分析において世代的ダイナミズムが検討されなければいけないのは、闘争のサイクルが起こるたび、そして政治的構成の再編が起こるたびに、行動や組織化、そして思考の仕方を転換する必要があるからだ。そして、ここで世代的なズレが鍵を握ることになる。左派の間には長年、ある特定の政治的構成を普遍的な政治モデルと誤って捉えてしまう傾向があった。階級の技術的構成と政治的構成の関連性を認識することは、ポストフォーディズム的生産体制に移行するにつれてより困難になりつつある。この生産体制の下では、労働の経験はますます多様化し、多数の労働者が一ケ所に集中して働いていた生産拠点は解体され様々なネットワークに分散化されている。また、金融が支配的になったことに加えて、使用料を徴収することが資本にとって重要な位置を占めている。そして、新自由主義的統治が階級対立を覆い隠し、その存在を否定している。このような条件下において新たに生まれてくる政治的構成を把握するには、政治的世代と出来事との関係性を考えるこそとが一つの有効な方法である。途方もなく複雑で可変的な技術的構成の下では、政治的化学反応を引き起こしている要素を特定するのは容易ではないが、出来事はその手がかりになる。政治的爆発や出来事が起こったとき、それはしばしば新しい政治的構成が生まれつつあることのサインなのだ。

次章では、二〇〇八年の出来事が労働者階級の技術的構成に与えた影響について考察する。そこで指摘するのは、年配の世代が金融という新自由主義のヘゲモニーに未だに従属しているのに対して、若者はそこから逃げ出そうとしているということだ。二〇〇八年の出来事は、若者や機会に恵まれなかった人々に同一の世代状態を与えたが、首尾一貫性をもった新しい政治的世代が生まれるためには、また異なる性質の出来事が起こる必要があった。左派世代の誕生は、既存の社会的および政治的可能性を超越するような集団的行動の瞬間によって生み出される亀裂を必要とした。第三章では、この種の出来事を「過剰の瞬間」(moment of excess)と名づけ、二〇一一年の世界的な抗議行動や革命の波をその典型例として提示する。そして、この波を新たに誕生した政治的構成の最初の反響と捉えて、二〇〇八年の出来事が技術的構成に与えた衝撃の痕跡としてその形態を分析する。二〇一一年の出来事は左派の世代統一を成立させたが、第四章では、この世代統一が選挙政治への転回を図り、人数は遥かに多いが政治的には曖昧な二〇〇八年世代に対するヘゲモニーを獲得しようとしたことを考察する。この転回によって、二〇一一年の出来事が作り出した左派の世代統一は、一九八九年の出来事によって誕生し、新自由主義と妥協したことに象徴される「第三の道」と呼ばれる一昔前の左派世代と対立するようになる。この「第三の道」の左派は、二〇〇八年の出来事によって自身の存立基盤を掘り崩されてしまい、また現在における世代間の断絶を理解することも、それに対処することもできない状態におかれた。これはつまり、ジェネレーション・レフトにしか現在の状況に対処することができないということを意味する。そして、第五章では、現在における世代間の断絶を乗り越える方法について議論する。それは、私的所有に絡み取られた関係性を打ち破って、物質的安定性をめぐり生じている世代間の分断を解決することができるような共同的所有への転換を目指していくために、「若者」と「成人」というカテゴリーを再構築することである。この方法によってのみ、すべての世代にとって「青春の嵐は、輝ける日々に先だつものである」と私たちは言うことができるのだ。[37]

2

取り残された世代

出来事が世代を作り出す。より正確に言えば、出来事はこれまでとは区別される、新たな政治的世代が誕生する可能性の諸条件を作り出すのである。それはつまり、出来事はそれをきっかけにして生まれた世代に痕跡を残すということを意味する。そこで、二〇〇八年の出来事が世代構成に与えた影響を理解することで、今まさに台頭しつつある政治運動にそれが残した痕跡を、続く各章で分析していくことができるだろう。二〇〇八年の金融危機が現代における世代的な出来事だったことは明白であるが、それがどのような出来事であり、いかなる効果を生んだのかといった問いに答えるのは簡単ではない。なぜなら、ある出来事の意味や、そもそもある事象が重大な出来事だと言えるのかどうかについても、それが起こっているときには決めることができないからである。出来事の意味はその後になにが起こったかや、歴史的にどう位置づけられていくかによって左右される。この意味においては、二〇〇八年の出来事には複雑で論争的な「その後」があった。

二〇〇八年は起こらなかった

あらゆる出来事には、その発生以降、すべてが変わってしまうような瞬間がある。二〇〇八年におけるその瞬間とは、九月一五日にアメリカの大手投資銀行リーマン・ブラザーズが経営破綻したことであった。その翌日、リーマン・ブラザーズの倒産が引き金となり、世界最大の保険会社ＡＩＧ（アメリカン・インターナショナル・グループ）が債務超過に陥った。その結果、他の金融機関も債務超過に陥るかもしれないという不安が広がったことによって、相互融資が止まってしまい、資金調達コストが急騰した。まさにこのことによって金融危機が「実体経済」に波及し、世界中で生産量が一三％も縮小し、貿易額が二〇％減少することになった。[1] 連邦準備制度理事会のベン・バーナンキ議長やイギリスの財務大臣アリスター・ダーリングの自伝を読むと、二〇〇八年一〇月にはすべてのＡＴＭがあと数時間で停止するところまで迫っていたことがわかる。[2] 国家による大規模な介入がなければ、金融セクターは完全に崩壊していたのだ。

ＡＩＧが破産を申請した翌日、バーナンキとアメリカ財務長官ヘンリー・ポールソンは全三ページの法案を議会に提出した。その中身とは、彼らが「いかなる司法もしくは行政府」による審査を受けることなく自由に使うことができる七五〇〇億ドル相当の小切手だった。なお、この時議会には、抵当権者に有利な形で住宅ローン契約内容を変更できるようにするために、七〇〇〇億ドル分の住宅ローン債権を購入すると約束されていたのだった。法案は核心部分で、財務長官に「住宅の差し押さえの危機に直面している際に、それを回避できる場合は、ローンの借り換えを促す」権限を与えている。しかし、ポールソンはすぐに心変わりした。住宅の差し押さえがそのまま実行されただけでなく、銀行のバランスシートを改善するために資金を直接銀行に流したのだ。[3] この資金の流れは今現在も続いている。国家は金融セクターの不良債権を購入し、金融機関を優遇するローンを組み、量的緩和プログラムを通して巨額の資金を援助し続けている。ここで実施された救済措置（ベイルアウト）は、有事を除けば、人類史上最大の物資動員のひとつである。その唯一の狙いは、この単なる金融的事象が政治的出来事、つまり政治的な転機になることを防ぐことであった。このことによって、金融セクター改革は限定的にしかおこなわれず、新自由主義イデオロギーに対して疑問が呈されることはなかった。

過去一〇年間で最も特異な現象の一つは、二〇〇八年の金融危機が消え去ってしまったことである。リーマン・ブラザーズが経営破綻した直後は、金融危機の原因とその再発防止策に議論が集中した。この時点ではまだ「自由市場」イデオロギーは激しい批判にさらされていた。連邦準備制度理事会の前議長アラン・グリーンスパンが議会に対して自らの考えに誤りがあったと認めたのは有名な話だ。金融セクターの制度改革が実行されることは当然のことだと思われていた。ところが、わずか半年のうちに、二〇〇八年の出来事は政府の財政赤字の影に隠れてしまった。そもそも、経済が縮小するなかで減少する税収とベイルアウトのための歳出増がこの赤字の主な原因であった。しかし、まさに金融危機の結果であったはずの財政赤字が、突如としてその原因であるかのように扱われ始めたのだ。[4]そしてすでに二〇一〇年には、危機への主要な対応策として緊縮財政を実施することが定式化され、金融セクターを改革するという話はどこかへ行ってしまった。むしろ、金融セクターは改革されるどころか、そこには公共支出の削減と賃金抑制によって確保された大量の資金が流れていった。

　こうして資本の一部門における危機は、労働者階級にとっては分解の契機となった。金融危機の責任をムスリムや移民、あるいは失業者に転嫁するというのは馬鹿げた話だが、ひとたび二〇〇八年の出来事が視界から消えると、縮小していく資源へのアクセスをめぐって憎悪が増大していったのだと言える。二〇〇八年の出来事は社会の技術的構成を変化させ、それによって新しい階級的分断を生じさせた。そして、目先の利害が対立し始めるにつれて、この分断は対話不能なまでに固定化していった。しかし過去一〇年間で起こった最も注目すべき現象は、巨大な富の一極集中が忌わしいほど加速したことだった。二〇一八年には、世界中の富の八二％が上位一％に集中していた。[5] また、オックスファムは二〇一七年に、世界人口の下位五〇％、三七億人分に相当する資産をたった八人が所有しているという報告書を発表している。[6] すなわち、ベイルアウトと金融危機後の経済体制は、人類史上最大規模の富がほんの一握りの集団に移転することを必然的に伴っていたのである。この事実が現代における最大の政治課題に発展しないようにするために、政治的取り組みが総力をあげて推し進められた。しかしこの取り組みは私たち一般市民の日常を考慮に入れないごく一部の特権的なグローバル・エリートによって支えられているだけだ。その結果政治的分断は人口一般におけるこの状況の反映として生まれたのである。

金融危機後の世界経済は、量的緩和と低金利に完全に依存している。構造そのものを崩壊させずにこれらの救済策をやめることは不可能に近いことが証明されつつある。この支援策によって、貯蓄は抑制され、金融市場には金があふれ、しかし企業投資は低調なままという経済状態が作り出されたのだが、これは資産価格のバブルが起こるためには理想的な環境である。株式市場はすぐに高値を記録する状態に戻り、ほとんどの国で資産価値は高いままだった。年配の世代は主に不動産といった形で資産を保有している割合が高いため、結果的に世代間格差がさらに拡大することになった。他方、若者は賃金に頼った生活を送っており、その賃金水準はアメリカでは低いまま据え置かれ、イギリスでも二〇一〇年代は「ナポレオン戦争の時以来の低い上昇率」となる見込みだという。[7]

世代間格差は数十年前からその傾向が明らかになっていたが、年齢によって著しい政治的分裂が生じるようになったのはここ数年のことである。[8] こうした傾向は格差が急速に拡大した結果だとも言えるが、それだけではなぜ今まで我慢されていたものが突如として耐えられなくなったのかということを十分に説明することができない。実は、新自由主義とは単なる経済体制ではなく、社会的および政治的な可能性を収縮させることによって人々の生き方を支配する統治モデルなのである。この統治は、物質的条件における変化が政治に反映される仕方を決定的に変えてしまう。現存する新自由主義は誕生して四〇年が過ぎているが、その間に何度も変化を繰り返している。つまり、新自由主義は各世代に対して異なる関わり方をしてきたのだ。二〇〇八年の世代的影響を分析するのであれば、この点を考慮に入れなければならない。

新自由主義の時代区分

ウィル・デイヴィーズは二〇一六年の論文「新しい新自由主義」で、各時代において支配的なエートスにもとづき、現存する新自由主義の歴史を三つの時代に区分している。[9] デイヴィーズによれば、一九七九年から八九年は戦闘的エートスが支配的な時期であったが、一九八九年から二〇〇八年は規範的エートスへの再編が試みられた時期だという。デイヴィーズが二〇〇八年以降を懲罰的エートスの時期だとしていることには同意できないものの、この時代区分はとても参考になる。というのも、ある文脈において発展した新自由主義の論理や実践が、別の文脈で形を変えて生き残ることがいかにして可能なのかを明らかにしているからである。新自由主義的実践のほとんどがおかしいと考えられるようになった現在においても、なおそれが存続しているのはなぜなのかを説明することができるのだ。しかし、二〇〇八年が世代構成に与えた影響を理解しようとするなら、新自由主義内部の論理を捉えるだけでは不十分である。視点を逆にして、労働者階級の自律性という観点から新自由主義を捉え直すことも重要であろう。すなわち、新自由主義はどのような政治的構成を解体したのか、そして今現在はどのような政治的再構成の可能性を潰そうとしているのかという観点から考察するのである。

戦闘的段階の新自由主義は、社会主義を打倒するという使命によって一致団結していたとデイヴィーズは主張する。この段階はマーガレット・サッチャーの保守党が大勝した総選挙の年である一九七九年から始まったとデイヴィーズは主張しているが、新自由主義は思想的および政治的プロジェクトとして遥か前にその基盤が作られていた。[10] デイヴィーズは新自由主義の誕生を、社会主義経済計算論争に対して一九二二年にルートヴィヒ・フォン・ミーゼスが与えた影響をきっかけに始まったプロジェクトにもとめている。ミーゼスは、社会を運営する唯一の合理的方法は、市場における価格情報を用いて活動を統制することだと主張した。そしてこれが、絶対主義的かつ戦闘的な新自由主義のスタイルを作り出すことになった。他のすべての思想様式を非合理的と切り捨てる行為は知的孤立主義につながるが、この孤立主義はなぜ二〇〇八年以降に新自由主義が自己改革できないでいるのかを説明する上で示唆的である。

マーク・フィッシャーは新自由主義の戦闘的衝動が生み出した効果の一つを、彼が「資本主義リアリズム」と呼ぶもの、つまりますます強化されていく資本主義的社会関係が唯一認知可能な現実になってしまうという状態に見出した。[11]ただ、フィッシャーは亡くなる数年前から、これとは逆の視点をとるようになっていった。つまり、富を共有し支配関係が存在しない社会の実現へ向かう、束の間でもくり返し立ち現れてくる可能性を潰し続けるメカニズムとして資本主義を理解するようになったのである。フィッシャーは、新自由主義が妨害した一九七〇年代の社会的および政治的可能性に特に興味を抱くようになった。新自由主義時代の黎明期であった当時、左派内部では世代間の闘争が巻き起こっていた。当時の左派主流派は、収益性を保障するための手段として、賃上げと生産性の向上を結びつけるという第二次大戦後の労働者階級と資本の合意を固守しようとしていた。イギリスではこの取引はあからさまであり、経営者の代表と労働組合の代表が首相公邸で会合し、議論を重ねて合意に達しようとしていた。また、このような合意のもとでは、年金制度や失業保険、そして多くの国では窓口負担のない医療の提供を通して、国家が人口の社会的再生産を保障する役割を担っていた。しかし、若年労働者と左派の社会運動がその限界や制約を乗り越えようと試みたことが一因となり、このような合意体制は一九七〇年代になると危機に陥った。

第二波フェミニズム、ゲイ解放運動、反レイシズムおよび反植民地主義運動といった当時の中心的な社会運動は、戦後の合意体制のもとで割を食った社会層の反逆だった。これらに付随して巻き起こった若者運動やカウンターカルチャー、そしてますます戦闘的になる若年労働者の活動は、この合意体制を乗り越えるとともに、「フォーディズム的」世界の退屈さと従順さを拒否する試みだったと考えられる。戦後社会民主主義が労働者階級の若者にもたらしたかつてないほどの物質的安定によって、彼らは自信と積極性を強めていった。左派の若者は、戦後合意体制をより民主的でより参加型の社会主義に向かうための出発点とみなすようになった[12]。完全雇用、高賃金、そして国家が提供するセーフティーネットよって、新しい社会層が彼ら自身の観点から自由を追求することができるような時間と空間が生まれたのだ。その結果、新しい文化が創造された。一九七〇年代と一九八〇年代は今でも、ポップカルチャーにおける刷新と実験が最高潮に達した時期だとされている。労働者階級と中産階級の若者が文化の方向性を決定づけるにあたってこれまで考えられなかったほどの影響力を発揮するなかで、彼らは新たな生活様式を先導する存在になり、フォーディズム的資本主義どころかいかなる種類の資本主義によっても達成不可能な欲望を抱き始めたのである。こうして、新たな欲望を核にして左派政治を再構成したいと考えている層と、戦後に獲得した成果を維持し続けるために必要な規律が失われるのを恐れる年配の世代の左派との間に、世代間の断絶が生まれた。[13]

一方、資本にとって一九七〇年代の危機は、収益性を掘り崩してしまうインフレ・スパイラルとして表れた。そして、一部の資本はこの状況に説明を与えた新自由主義の諸理論に魅力を感じるようになった。それらの理論によれば、インフレが起こっているのは賃金と国の社会的支出が高すぎるからだという。また、あまりにも少ない製品やサービスを求めて貨幣が市場に溢れていると主張した。問題とされたのは、サミュエル・ハンチントンとその仲間がいみじくも述べたように「民主主義の過剰」であった。[14] 賃金が上昇しているのは、労働者が産業闘争を通じて自身の利害を今まで以上に主張する意欲と実力をもったためである。また国の社会的支出が増大したのは、それまで組織化されていなかった層が政治家に対して民主的な圧力をかけることができるようになったからである。そのうえ左派の各陣営は、職場における民主的管理を実行するために、さらにより参加型の民主主義を社会に広げるための提言をおこなっていた。[15] たしかに、新自由主義による分析はある面で正しかったと言える。一九七〇年代の危機は決断の時だった。私たちは資本の制約を押し破って民主主義をラディカルに拡張することを目指すのか、それとも民主主義を後退させて資本の支配に服するかの選択を迫られていたのである。こうした経緯を踏まえて、マーク・フィッシャーは次のように論じている。

新自由主義は、表向きでは退廃したソヴィエト社会主義ブロックや、自ら内包した矛盾によって崩壊しつつある社会民主主義とニューディール政策などを敵視していたが、ほんとうの標的はそれらのうちのどれでもなかった。むしろ新自由主義というのは、六〇年代末から七〇年代初頭に花開きつつあった社会主義やリバタリアン的コミュニズムにおける民主主義の実験を、それを想像することさえできなくなるレベルにまで徹底的に破壊することを狙ったプロジェクトであったと見るべきなのだ。[16]

フィッシャーは『アシッド・コミュニズム（*Acid Communism*）』という未完に終わった書の執筆過程において、意識のインフレという観点から一九七〇年代左派の実践を再解釈しようと試みた。意識のインフレという概念は、一九七〇年代のフェミニズム運動の組織基盤だったコンシャスネス・レイジング・グループに由来するものである。これらのグループは、女性が少人数で定期的に集まり日々の生活について話し合うなかで、お互いが抱えている問題の構造的背景を考える活動をおこなっていた。[17] この事例に沿って、フィッシャーは当時の階級意識の高揚を分析し、また意識の拡張を狙うサイケデリック文化が若者運動に与えた影響についても検討した。コンシャスネス・レイジングにはいくつかの役割があった。まず、日常生活における社会的制約の構造的要因を特定することである。また、自身を孤立した個人ではなく社会を変える力を持つ集団の一員だと考えることで、自信と能力を高めるという機能もある。そして、必要不可欠で不可避だとされたものが実は偶発的なものであり、つまり原理的に言えば変えることができるものだとわかったときに生まれる社会的および政治的可能性を広げることにもつながった。このような理解に基づいてフィッシャーは、新自由主義を意識のデフレを狙ったプロジェクトとして把握しようとした。この分析を新自由主義の戦闘的段階に当てはめてみると、なぜ労働者階級の物質的安定と制度的基盤に対する攻撃が、他の標的に先行したのかということを理解しやすくなる。

新自由主義による意識のデフレは当初、経済的デフレに沿って進んだ。一九七〇年代末から一九八〇年代初頭にかけては金利が高騰していたことによってインフレは抑制されていたが、それはスタグネーションにつながった。その結果として生じた失業は労働者を屈服させ、彼らの希望や期待を減退させた。そして、法的および財政的締め付けと武装した警察との組み合わせによって労働組合運動も打倒された。このときから、イギリスでは実質賃金はイギリスでは伸び悩み、アメリカではそれが減少に転じた。このような意識のデフレ戦略に経済的誘引が加わったのは、不況が終わってからであった。公共住宅の払い下げと金融の規制緩和によって日常生活が金融化していくにつれて、高騰し続ける住宅価格が最大のアピールポイントとなった。戦闘的新自由主義は左派の未来展望に対する巨大な障壁を築きあげ、財政的誘因によって個人もしくは家族中心の新自由主義に適合的な生活モデルを提示した。

世代間対立を煽る保守的な言説のなかには、現在の危機の責任をミレニアル世代にではなくベビーブーマー世代に求めたものもあった。ブルース・ギブニーの『ソシオパス世代』(未邦訳)などの書籍や[18]、スティーヴ・バノン監督の『ジェネレーション・ゼロ(*Generation Zero*)』(二〇一〇年)などの映画では、「わがまま」で「自分に甘い」とみなされたカウンターカルチャーから、二〇〇〇年代初頭の貪欲な自己中心主義までが、ひと続きのものとして描かれている。ここでは決まって、親に甘やかされて育ったこと、そして当時支配的だったメディアの影響が世代的欠陥として取り上げられる。ベビーブーマー世代は最初のテレビ世代だったからである。しかし、意識のデフレとして新自由主義を理解するならば、別の見方が可能となる。ベビーブーマー世代とは敗北した世代なのだ。一九六〇年代と一九七〇年代にとても強力に見えた左派の世代的プロジェクトは、一九八〇年代と一九九〇年代に打ち負かされてしまった。社会病理的自己中心主義というベビーブーマー世代への批判はこのことを無視して、敗北の結果として起こったものをその原因と取り違えているのである。

新自由主義的コモン・センス（意識の破壊）

「新自由主義の第二段階は、一九八九年のベルリンの壁の崩壊とともに始まった」。このフレーズは、旧ソ連諸国が突如として新自由主義版の資本主義に移行したことで、グローバルな規模で秩序の再編が進んだプロセスを表している。また同じ頃、中国共産党が天安門広場の反乱を鎮圧し、経済の一部を海外直接投資に開放した。これらの動きは、二つの深刻な影響を残すことになったのである。第一に、部分的であったとしても非資本主義的だった経済圏の消失によって、当時支配的な政治的想像力が大きな打撃を受けた。「この道しかない」という表現は、単なる意見ではなく事実として捉えられるようになった。第二に、移動性の高い新たな資本によって搾取の対象となるグローバルな労働力の規模が、わずか数年の間に倍になった[19]。この前代未聞の出来事によって、労働者階級の交渉力は劇的に低下してしまう。世界中の労働者が自身の権利を主張しづらくなるなかで、社会主義的手段によって生活条件を向上させるという希望は根元から断たれていった。そして、世界中の社会民主主義政党は何らかの形で、新自由主義を容認可能な政治的選択肢として受け入れたのである。

「社会主義なき世界において新自由主義とは何であろうか。何が新自由主義に志向性や一貫性を与えるのだろうか[20]」。ウィル・デイヴィーズは自身が提起したこのような問いに対して、次のように答える。すなわち、新自由主義はその破壊的な段階から規範的エートスに基づいて建設的プロジェクトを実行する段階に入ったのではないかと。この時期には、競争的（とされる）市場関係が生活の各領域に浸透していった。競争を「公正さ」を測る基準としたことで、このプロセスは規範として輝きを保つことができた。そして、「「勝ち組」を「負け組」からはっきりと区別すること、そして、この競争を公正なものとして人々に受け入れさせることが政府の仕事になった[21]」。新自由主義の規範的エートスは、政治的および社会的な可能性を制限することによって意識のデフレを生み出しただけでなく、左派の領域をも浸食していった。「第三の道」を謳った中道左派こそが、新自由主義に最も深く同調し、その最大の支持者となったのである。彼らは新自由主義を戦闘的段階の社会的保守主義から切り離し、フェミニズムや反レイシズム、ゲイ解放運動の消費主義と競争的労働市場に親和的になりうる諸要素に結びつけた。

マーク・フィッシャーは当時の支配的な態度を「現実的対処法」と表現している。彼いわく、「資本主義リアリズムは新自由主義の教義を直接的に支持するわけではない。資本主義リアリズムとは、私たちの評価に関わらず、世界は新自由主義的考え方に支配されており、それを変えることはできないという発想だ。不可避なものを変えようと闘っても仕方がない」[22]。このような必然性の感覚が競争的市場によって構築されたということを理解するには、二〇〇〇年代の最も重要な文化的ジャンルであったリアリティー番組の構成を考えることが参考になる。初期のリアリティー番組においては、ドキュメンタリーの伝統に大きく依存した形で「リアリティー」が構築されていた。典型的な番組構成といえば、見知らぬ者同士を非日常的な環境に連れていき、そこで起こるさまざまなことを記録、編集し、ドラマチックなストーリーに仕立て上げるというものであった。このジャンルが二〇〇〇年代初頭に復興され、たとえば『ビッグ・ブラザー（Big Brother）』や『アプレンティス（The Apprentice）』などのように、競争原理を軸とする番組が制作されるようになった。これらの番組は「投票で脱落者を決める」というメカニズムを利用して、勝ち抜くための裏切りや反社会的行動、競争的態度を促した。プロデューサーたちはこのような態度が支配的になるよう番組構成を修正し続けた。番組の出演者たちもその論理を理解して、制作側の期待に沿うように態度を変容させていった。[23]

新自由主義による制度改革やそれに伴う管理主義的方法も、同じようなモデルに従っている。競争的志向を軸に社会全体を再編しようとする新自由主義は、古典的自由主義とも、さらにはこれまでのどの資本主義とも異なっている。新自由主義の理論家は、競争的市場が「自然に」生成されるものでないことをよく理解している。それは国家が積極的に介入することによって初めて構築されるのである。[24] 競争的市場を「経済的」領域からその外へと拡張するには、劇的な制度改革とあらゆる生活領域に介入する管理方法によって人々の態度を査定することが必要となる。競争的市場の構造に関わろうとするとき、私たちはその論理に順応する以外にはなく、さもなければ敗退してしまうだろう。つまり、このような「市場」への参加を強制されること自体が、ある種の訓練となっている。私たちはこの訓練を通じて、特有の思考や行動様式を身につけた特有の主体性を獲得するのである。私たちが日常的に接する制度はすべて、冷酷なまでに競争的で、自己中心的で、自己宣伝的な態度を高く評価し、それ以外の行動をとろうとする人々を処罰するように絶えず改変されている。これを繰り返していくうちに、私たちはこの論理を内面化し、それを先取りして自ら実行するようになる。そして、それを人間の「本来」の姿だと捉えることがコモン・センス（常識）となるのだ。[25] まさにこれが意識のデフレである。人間のさまざまな潜在能力が、単一の生活モデルに還元されてしまう。しかし、それは人間が生きられるものではないために、うつ病、不眠症、精神疾患などが蔓延することになる。不可能なモデルから生じる不安を個々人の心の奥の奥へと押し込むために、いかに多くの資源や計画、努力が割かれてきたことか。

生き残るゾンビ

では、二〇〇八年以降は何が変わったのだろうか。デイヴィーズによれば、新自由主義は懲罰的段階に入ったという。それはたとえば、借金によって人為的に作り上げられた経済成長の罰として、負債に紐付けられた道徳観が緊縮財政を受け入れるように迫っていることからもわかるとデイヴィーズは主張する。たしかにこの見方は間違いではない。しかし私はむしろ、新自由主義がゾンビ段階に入ったと捉えるほうが有効だと考えている。つまり、「死してなお取り憑く」状態である。[26]ゾンビの最大の特徴はそれが脳死状態にあることだ。ゾンビの体は動き続けるものの、思考が伴わない。ゾンビは習慣化された行動をくり返し、たとえその体が栄養を吸収できなくても、空腹を満たそうと執拗に生物を追い求める。ゾンビとは、方向を変えて別の未来を選択する能力を削ぎ落された身体のことなのである。つまり、それは暴力が滞留している状態のことである。ゾンビは変化も順応もせず、ただ生き残る。同様に、金融危機後の新自由主義の決定的な特徴は、一〇年にわたるスタグネーションにもかかわらず、自らを改革することができないという点だ。自身の掲げた目的の達成にさえ失敗しているにもかかわらず、新自由主義のプロジェクトは止まっていない。そのイデオロギーは一貫性を失っているにもかかわらず、新自由主義政策は衰えることなく続いている。このため、今の状況は実に奇妙で矛盾に満ちたものであり、私たちはイデオロギー的なジレンマに立たされているのだ。私たちが関わる組織の制度的論理と、私たちの行動を制約する負債に基づく関係性によって、今も新自由主義の世界観を受け入れるよう訓練され続けている。しかし、大多数の人々は、これがより良い生活につながる道だと信じることはできない。新自由主義という身体の諸器官は新自由主義的主体を大量に生み出し続けているが、私たちは今の苦しみに耐えなければならない理由を喪失している。ゾンビ段階の新自由主義は私たちに何も与えてはくれない。それはただ生き残り続けるだけだ。

負債にもとづく日常生活の金融化は、ゲーリー・ベッカーの「人的資本」という概念によって構築されている。負債の存在は私たちに資本の視点を受け入れるように仕向ける。自身のあらゆる行動を自分への投資と捉え、それが正しいかどうかは投資に対するリターンの量で測られるべきだと考えるよう促されている。ウェンディ・ブラウンは、これによって生み出される主体を次のように描写している。

生活のあらゆる領域において自身のポートフォリオの価値を高めることに関心を払うようになり、その活動は自己投資および投資誘致の実践をつうじておこなわれる。ソーシャル・メディアの「フォロワー」や「いいね」や「リツイート」をつうじてであれ、あらゆる活動と領域の格付けや評価をつうじてであれ、あるいはより直接的に貨幣化された行為をつうじてであれ、教育、訓練、余暇、再生産、消費やその他多くのものの追及はますます、自己の未来の価値を高めることにかかわる戦略的な決断と実践として構成されていく。[27]

資産を保有する傾向が相対的に高い年配の世代にとっては、人的資本のメタファーは辛うじて理解できるかもしれない。しかし、より若い年齢層にとっては未来の見通しが崩れ去っているために、これ以上の自己投資を続けるのは不合理になっている。たとえば、ここ一〇年で教育投資に対するリターンは劇的に減少している。学卒者が学卒レベルの職に就けるチャンスは大幅に減退したのである。では、なぜ学生数は減っていないのだろうか。その理由は、スタグネーションによって人的資本のメタファーが崩壊しても、それに代わる新たな生活様式が提示されなければ、私たちは既存の制度の論理のもとで振る舞うことを強制されるからである。マウリツィオ・ラッツァラートは次のように指摘している。

目下のところ、危機はこの主体形態の生産がうまくいかなかったところから生じている。新自由主義は「生産」と「主観性の生産」とを関連づけることができない。新自由主義は無差別に経済と主観性、「労働」と自己にたいする倫理＝政治的働きかけをターゲットにする。主観性や倫理＝政治的働きかけといったものを、新自由主義は、ＩＴの専門家であれ、家政婦であれ、スーパーマーケットの店員であれ、「ある種の永続的で多面的な企業」になれという命令に還元してしまう。ただ、「自己への働きかけ」は当初、解放（喜び、達成感、知名度、新しい人生のあり方の模索、上昇志向など）の名目で「労働」を提供するものとされていたのだが、自由主義がもたらした危機によって、それがやがて、リスクとコストにたいしては企業も国家も支援しない、自分で引き受けよという命令にすり替えられてしまった。（中略）現在の危機において、「自己への働きかけ」は、大半の人々にとって、失業、借金、賃金および財源化と、社会福祉事業の縮小、税率の引き上げを意味するにすぎない。[28]

負債や管理主義と結びついた人間の内面にまで入り込む評価のあり方は、かつては野心を喚起するものであったが、今やそれは同意なく押し付けられた自由の制約としか思えなくなった。特に若者には、金融資本に期待をかけられるような経済的誘因がほとんどない。負債は約束を未来に先送りにし続ける主体を必要とする。[29] それは方向を変えることも、現在の自己と決別するリスクを冒すこともできないゾンビ的主体である。まさにここに、学生ローンによる借金が有害で厄介となる理由がある。若者が自身の目標を設定する機会を得る前に、将来の人生に対する責任を負わされてしまうからである。こうして若者は、若さと自己改革の機会を奪われてしまう。

社会のコモン・センス(常識)が機能不全に陥り、集団的実践による変革の道も望めないとなると、人々は手近な資源を用いて場当たり的に主体をつくるしかない。富裕層の若者にとっての解決策のひとつは、これまで以上に「自己投資」に期待することである。ミレニアル世代はナルシシストであるという批判は、こうした観点から考えられなければいけない。他方で、利用できる資源をほとんど持たない若者は、負債、低賃金、そして不安定雇用を「起業家的に管理」するための物語を探さなければならない。

ジェニファー・シルヴァの著書では、こうした事例を見つけることができる。アメリカの一〇〇人の労働者階級の若者にインタビューをおこなったシルヴァは、彼らの中に「仕事への低い意欲、恋愛に対する慎重さ、社会制度への広範な不信、他者からの深い孤立、そして自己の感情と精神的安定に真っ先に注目する態度を特徴とする」主体性を見出した。[30]このような若者が自分たちの人生を理解するために用いる物語は治療的なものである。

それは次のようなことを求める。第一に、病的な思考や態度を特定すること。第二に、それらの病気の隠れた原因を過去に見つけ出すこと。第三に、他者とのコミュニケーションにおいて自身の苦しみを語ること。最後に、解放され独立した自己を確立することで過去を克服するよう自らを駆り立てること。[31]

これは「前に進んでいるような感覚」を生み出す物語構造をしているが、[32]政治的には大きな制約が課せられている。シルヴァはこれを否定的な意味で、「フェミニズムのような社会運動」に喩えている。それはつまり、次のような制約である。

自身の問題を明らかにして自己理解を深めることは、かつてはラディカルな集団的意識へ到達するための最初のステップであった。しかし、それが今の世代にとっては、どのような類いの連帯からも完全に引き離された唯一のステップとなってしまった。彼らも同様の構造的な問題と闘っているが、そこには「私」が「私たち」になる余地がないのである。(中略)構造的不平等への集団的自覚がなければ、産業の空洞化、不平等、そして様々な脅威から生まれる苦しみや裏切りは、個人の失敗として解釈されるしかない。[33]

二〇〇八年がやっと起こった

ベイルアウトとは、経済的打撃の発生を先延ばしにすることによって、二〇〇八年の出来事をなかったことにするための試みであった。緊縮財政とは、二〇〇八年の出来事の政治的責任が誰にあるのかをあいまいにするための試みであった。これらの結果として、危機はスローモーションで発生し、年齢が社会の裂け目となったのである。新自由主義への積極的だった同意は受動的な同意に、そして嫌悪へと変わっていったため、当初、このことを認識することは困難であった。それまでは我慢できていた世代間の不平等が、ここで突如として耐えられなくなった。新自由主義的野心が一斉にではなく徐々に失われていったことで若者が世界を理解することができなくなるという危機を生み出したのである。このため、二〇〇八年の出来事から形作られた世代は、人数も多く、多大な不満をいだいていたが政治的には両義的でもあった。新自由主義の危機はまだ終わっていない。この世代がどこに向かうかによって、その危機がどのような結末を迎えるのかが決まるのだ。

3

ジェネレーションの爆発

二〇〇八年の危機は、ある特殊な出来事だった。私たちはこれを突然訪れたもののように受け止めたため、この危機を受動的出来事と呼んでもいいだろう。あたかも自然現象のように、私たちには制御不能な外からの力によって引き起こされたように感じられるのだ。この種の出来事が起こると、私たちはあらゆる可能性が閉ざされていくような感覚に陥ることがある。ある社会形態に結びついていた可能性の感覚は危機に陥ったものの、いまだ新しい可能性が一貫性をもっていない状態である。ある一定規模以上の出来事は、たとえそれが受動的に捉えられたとしても、世代間で差異が生じるような様々に異なる経験を生み出す。このような出来事は、世代が生まれる素地を作り出す。ただし、首尾一貫した世代的な展望が自動的に生み出されることはない。二〇〇八年の出来事は、大規模であると同時に政治的には両義的な世代の形成につながるものを生み出した。この集団に共通の経験をマンハイムなら同一の「世代状態」と呼ぶだろうが、これは首尾一貫性をもった政治的世代とは異なる。そのような政治的世代の形成には「同一の世代状態に属する諸個人が共同の運命に参加し、何らかの意味でその運命の展開に依存している価値内容に参加すること」が必要となる。[1] そして、この運動を始めた諸個人が、「その共通の経験を核として、ともどもに動きまた形成されるという同類性」を共有する諸集団の間に「世代統一」を成立させるのである。[2]

マンハイムは政治的世代が保守主義、自由主義、社会主義のどの運動とも結びつく可能性があると明言しているが、私は右派と左派の政治的世代を区別してマンハイムの理論を補完したい。というのも、左派の世代統一のためには、新たな可能性が広がり、それによって新しい諸集団が自治に参加できることが必要であるため、受動的出来事によっては形成されにくいのである。これに対して、保守主義とはコーリー・ロビンの定義によれば、「権力を保有しており、その権力が脅かされているため、それを取り戻そうとする一連の感覚経験についての思考および理論的表現」のことである。[3] この種の感情は、受動的出来事によって既存の可能性が閉ざされていくことで生まれやすく、そこには右翼的な物語が根を下ろしやすい。左派の世代統一はむしろ「能動的」出来事と呼ぶことのできるものに適合的である。能動的出来事とは、その当事者が他者とともに能動的に築き上げたものとして経験する出来事のことである。そして、このような出来事は社会的および政治的可能性を拡張させることがある。台頭しつつある左派の諸世代にこのことが及ぼす影響を考察するために、能動的出来事とはどのような経験なのかもう少し考えてみたい。

過剰の瞬間

アリスティド・ゾルバーグの「狂気の瞬間（Moments of Madness）」と題した画期的な論文は、能動的出来事がどのようなものであるのかを考える上で参考になる。論文の冒頭でゾルバーグは、能動的出来事が政治理論に与える課題について次のように整理している。

政治が「可能性の技術」であるとすれば、現代社会に生きる人間が「何でもできる」と思えるような瞬間について、どのように考えればよいのだろうか。そのような瞬間が確かにあることを私たちは知っている。というのも、少なくともそれを経験している当事者は、自身が普段とは違う状態にいることをはっきりと自覚するものだからである。そのようなとき、人々は異言のように語りながら自身の生の感情を直接的に記録する。そのうえさらに、同じような事態に遭遇した人々との時間も空間も超えた親近感を経験する場合が多いのである。[4]

ゾルバーグはこのような直接的記録に注目して、一八四八年の革命以降、パリで起こった六つの事件に関する証言を比較する。一九七二年に書かれたゾルバーグのこの論文が、一九六八年にパリで起こった大事件への応答であることは間違いない。そこで彼自身も自覚した「同じような事態に遭遇した人々との時間も空間も超えた親近感」を手掛かりに、ゾルバーグはこうした瞬間に共通する経験を特定しようとする。一九六八年当時はまだ、一九四四年のパリ解放の熱狂や一九三六年の人民戦線政府の成立に伴って起こった工場占拠の波などが記憶に新しく、これらの事件との生き生きとしたつながりを経験的に感じることができていた。また、一九六八年の五月革命の際にも一八四八年の七月革命や一八七一年のパリ・コミューンなどの歴史的先例に言及がなされていた。パリで起こったこれら一連の事件に共通する経験を、ゾルバーグはより大きな現象の一つの例として考察する。事実、そうした事件に関する証言は極めて同質的なのである。

それぞれ多様な形をとってはいるものの、一二〇年の間に何度も生まれるこうした瞬間は明らかに同一であり、それらがくり返されることによって、一つ一つの事象にはなかった確かな具体性が備わっていく。（中略）証言当時の態度が何であれ、証言者はお祭りの喜びのような濃密な瞬間を記録しているのである。（中略）心も体も解放されることで、人間は内なる自己とも他の人間とも直に触れ合っているような感覚を経験する。（中略）同時に、既視感を抱く傾向にある。歴史書や民間伝承に記録された集合的記憶を媒介にして、この瞬間を別の瞬間と結び付けるのである。時間や空間の制約からも歴史的条件からも解放されて、人々は既存のレパートリーの中から自分に合った役割を選び、あるいは新しく創り出してしまう。夢が可能性になるのである。[5]

政治学や政治理論には、このような瞬間を付随的現象として軽視するか、フランス革命やアメリカ独立革命の場合のように、重要であるかもしれないが例外的なものとして扱う傾向がある。ゾルバーグが言うように、「そのような瞬間を無視することはできないために、主要な関心事である通常の政治的事象の世界から排除してしまう」のである。[6] あるいは逆に、そうした事件における経験を「ふつうの生活」と比べてある面で「よりリアル」だと捉え、この経験を表現できるような政治形態をどのような状況であっても実施するべき普遍的なモデルと考えてしまう場合もある。これらの傾向に対して私は、そのような瞬間が自身を生み出した歴史的文脈を超越しているにもかかわらず、その文脈自体にどう条件づけられているのかに焦点を当てて考察したい。そうすることによって、現在の政治的可能性と限界をより深く理解できるようになり、現在進行中の政治変革プロジェクトにそのような瞬間をどう位置づけるべきかが見えてくるだろう。

前章では、私たちが関わりを持つ制度の論理によって、社会的および政治的可能性が制限されたような感覚が生まれることを確認した。慣れ親しんだ生活における技術的環境やメディアによって、私たちの視野が狭められていく。マウリツィオ・ラッツァラートが言うように、「管理する者には、問題を定義し、解答（「可能性」という言葉が用いられる）をまとめる力がある。こうして、管理する者は、注目すべきこと、重要なこと、適切なこと、行動をおこし、発言する価値のあることを決めていく」のである。[7] ある種の事件は「何でもできる」という刺激的な感覚を生み出すが、そのような可能性は歴史的および社会的文脈に応じたさまざまな制約を受けている。ここで起こっているのは、可能性が溢れる瞬間、もっと正確に言えば可能性の収縮を乗り越える瞬間なのである。まさにこの理由から、私はこのような事象を「過剰の瞬間（moments of excess）」と呼ぶことにしたい。[8] 過剰の瞬間とは、それまで我慢できていたものが突如として耐えられなくなる瞬間であり、この種の各事象にはそれぞれ独自の過剰の瞬間がある。それはたとえば、二〇一〇年一二月のチュニジア革命に火をつけたモハメド・ブアジジの焼身自殺のように、個人的行動から生まれることもある。あるいはまた、予期せず起こった大規模デモや戦闘的デモのような集団的行動から生じる場合もある。たとえば、二〇一〇年一一月にロンドンのミルバンク三〇番地にあるイギリス保守党の事務所に群衆が押し寄せて占拠した時である。そこから、二ヶ月に及ぶ学生の抗議活動と大学占拠がまたたく間に広がった。ただ、どちらの場合でも、過剰の瞬間は何の脈絡もなく発生することはない。むしろ、それは既存の主体性に変容を促した階級構成の長期的な傾向や変化が結晶化したものなのである。過剰の瞬間においては可能性が爆発し、私たちの日々の生活における主体性の枠組みから溢れ出る。しかし、過去と断絶して過剰の瞬間とゼロから新しく関わるということはありえない。この世界を理解するための物語は、私たちがそれを乗り越えようとする瞬間のうちに、その痕跡を残すからだ。

以上のことを踏まえて、過剰の瞬間という概念を階級構成分析に応用してみよう。ピアッツァ・スタトゥートの反乱についての議論ですでに見たように、過剰の瞬間は階級構成の変化を知るための鍵となる指標である。もっとはっきり言えば、過剰の瞬間は人々の態度や政治的問題の変化を結晶化させることで、新たな政治的構成の出現を把握するために決定的役割を果たすのである。ゾルバーグが指摘するように、過剰の瞬間は「当初、同人集団やセクトなどで練り上げられてきた新たな考えが一般に広く共有されることになる濃密な学習体験の一種」を伴う。[9] そこで問題が具体化され、枠組みが与えられることによって、当事者たちは既存の世界に留まるのか、それとも新たな可能性の空間に足を踏み入れるのかの決断を迫られる。まさにこれが、アウトノミストが闘争のサイクルと呼ぶものを生み出すのである。これは、同じような組織形態や闘争形態が別々の文脈で同時に出現し、当事者同士がお互いの行動から自身のことを理解し合うような状況のことである。イタリアの作家グループ「ウーミン」は、ロシア革命の報せを聞いたイタリアの兵士たちが反乱をくり返したことについて論じる中で、この現象を次のように説明している。「そのプロレタリアートたちは自問自答した。「遠く隔たった場所で起こっているこの出来事はどう見える？　どう感じる？」そしてこう答えた。「私もやりたい！」」[10] 個々の都市や国における出来事が波のように拡大するにつれて、それらは相互に増幅し合う関係になり、世界的な規模で過剰の瞬間が生まれる。このような瞬間こそが、世代的な出来事なのである。

社会の技術的構成がこれほどにまで複雑化し多様化した現代では、異なる国々で波のように起こる出来事の形が同一であることが、異なるかに見える各文脈に共通するものを発見する手掛かりになる。過剰の瞬間の形態、その発生の発端になった問題、そしてそれによって生まれる組織や行動の種類はすべて、変化しつつある階級構成を政治的に顕著な形で示すものなのである。それらは新たな政治的世代が進もうとする方向を指し示している。しかし、このような瞬間がそれ自体の論理で完結していると考えるのは誤りだろう。各瞬間同士の反響は技術的構成が似ているか、または相互に親和的であるために生じているにすぎない。つまり、そこには当事者のそれまでの経験や主体性の残滓が含まれているのである。[11] 過剰の瞬間とは、新たな政治的可能性の原型であると考えることもできるが、政治的構成もまた、その根底にある技術的構成から生じてくる対話を困難にするような制約や閉塞感を乗り越えるために、活動家集団すなわち世代統一が組織形態や闘争のあり方の改革を試みるための政治的プロジェクトであった。こうした瞬間はどれも似たような情動を生みだすのだが、その情動が表現され受け止められる形態には、発端となった事態が反映されている。従って、そのような形態とそれが果たしている機能を元々の技術的構成にまで遡って考察することで、いかにして同一の政治的スタイルが未来において新たな形態をとって現れるのかをより深く理解することができるだろう。しかし、考慮に入れるべき過去の痕跡は、既存の社会形態だけではない。あらゆる政治的世代は、既に存在している、そして過去の左派の諸世代の考えや実践との関わりを通して、自身の立ち位置を決めなければいけない。この関わり方に世代的ダイナミズムがある。

一度目は悲劇として……

この問題を考えるためのひとつの材料は、歴史の反復についてマルクスが書いた『ルイ・ボナパルトのブリュメール一八日』だ。

人間は自分自身の歴史を創るが、しかし、自発的に、自分で選んだ状況の下で歴史を創るのではなく、すぐ目の前にある、与えられた、過去から受け渡された状況の下でそうする。すべての死せる世代の伝統が、悪夢のように生きている者の思考にのしかかっている。そして、生きている者たちは、自分自身と事態を根本的に変革し、いままでになかったものを創造する仕事に携わっているように見えるちょうどそのとき、まさにそのような革命的危機の時期に、不安そうに過去の亡霊を呼び出して自分たちの役に立てようとし、その名前、鬨の声、衣装を借用して、これらの由緒ある衣装に身を包み、借り物の言葉で、新しい世界史の場面を演じようとするのである。[12]

ここでまず重要なことは、歴史的主体になるチャンスはなかなかないということである。私たちの人生を制限している歴史的条件を集団的に一斉に打ち破る機会は、めったに訪れない。そのような過剰の瞬間においては、過去数世代の闘争の伝統に頼ったり、それをくり返したりすることがしばしば起こる。過剰の瞬間において、人々はそれまでとは異なる経験や問題、そして一定の自由に直面することになる。そのような時に、今後進むべき方向を考えるために歴史的先例を参照することは理にかなっている。過去に同じような問題に直面した人々の経験から学ぶことができなければ、五里霧中をさまよい、歴史的条件に対して無防備なまま、古い世界が再び登場するのを阻止することができないからである。

しかし、こうした過去の繰り返しには様々な形態がある。先に引用した箇所のすぐ前の部分でマルクスは、「すべての偉大な世界史的事実と世界史的人物はいわば二度現れる（中略）一度は偉大な悲劇として、もう一度はみじめな笑劇として」と有名な言葉を残している。[13] この箇所に関連して、ジル・ドゥルーズは次のような洞察を記している。

歴史における反復は（中略）歴史的行動そのもののひとつの条件であるということだ。（中略）歴史の当事者（俳優）、作用者（行動者）は、過去が有する人物と同一視されるという条件のもとでしか創造をおこなうことができないのであって、（中略）反復が、その方向を急に変えるとき、すなわち反復が、変身につながらず、また新しいものの生産につながらないで、かえって一種の退化を、つまり真正な創造とは反対のものを形成するとき、その反復は喜劇的になる。[14]

過去の左派世代の組織モデルや闘争の形態、または議論の枠組みなどを新たな状況に単に上から重ねるだけならば、新たな運動は潰れてしまい、現在の問題の理解や解決につながる方向性は見えにくくなる。新たな運動の一つ一つを、一九一七年や一九三六年、または一九六八年の闘争の単なる反復だと考えてしまう誤りを私たちは嫌と言うほどくり返してきたが、そうした過去の形態はすでに存在しない政治的構成から形作られたものに過ぎないのである。過去数世代の遺産が現在の左派の諸世代に対して「悪夢のように生きている者の思考にのしかか」るのを防ぐためには、過去の伝統を無批判に反復してはならない。喜劇的ではない反復とは、新たな形態が現在の情勢との結びつきを認識することによって生まれてくる場合である。真の創造には、「たえず自分自身を批判し、自分で進みながら絶え間なく中断し、成就されたと見えるものに立ち戻って改めてやり直」すような反復の形態が必要なのだ。[15] このような理解の上で、ジェネレーション・レフトに火をつけた出来事について考察していこう。

二〇一一年世代

二〇〇八年の出来事が世代状態を生み出す「受動的に捉えられた」ものだとすれば、二〇一一年の出来事は国際的なジェネレーション・レフトを誕生させる過剰の瞬間だった。二〇一一年は歴史的な抗議の年だった。雑誌『タイム』がパーソン・オブ・ザ・イヤーの受賞者に「プロテスター〔抗議する人〕」という一般名を選出したほどである。多くの象徴的な年の例に漏れず、二〇一一年は長い一年になった。波のように広がった抗議行動や革命、そして広場占拠の始まりを、私はイギリスの学生運動とチュニジア革命の勃発が重なる二〇一〇年末に設定したい。特にチュニジア革命は、二〇一一年初頭の「アラブの春」における革命と抗議行動の嵐を引き起こしたが、さらにそれがヨーロッパにも波及して、同年五月一五日にマドリードで起こった大規模デモがプエルタ・デル・ソル広場の占拠運動に発展した。こうしてスペイン全土に花開いた大規模な抗議行動と広場占拠の運動は、後に「15M《キンセ・エメ》」または「インディグナドス〔怒れる者たち〕」と呼ばれるようになった。同じような抗議キャンプは数週間後にギリシャでも発生し、それが同年九月のニューヨークのズコッティ公園で始まったオキュパイ・ウォール・ストリートの登場によって国際的なオキュパイ運動の波を引き起こした[16]。

これらの出来事の一つ一つにはそれぞれの過剰の瞬間があり、それまでは不可能だと思っていたことが突然堰を切ったように可能になった。そして、出来事が相次いで同じような形態で起こるにつれて、個々の出来事の重要性が増していった。アラブの春からインディグナドスへ、そしてオキュパイ運動へと波のように発生した二〇一一年の抗議行動では、アセンブリーが主要な組織形態となった。この組織形態が脚光を浴びたのは、当時の抗議行動の主要な形である抗議キャンプと相性がよかったからである。二〇一一年のキャンプ運動は、都心の広場などの主要な公共空間を半永久的に占拠する試みだった。これらのキャンプは他の形態の抗議行動や直接行動を支える役割を果たしたが、最も影響力があったのはやはり、不満を公然と表明する手段としての広場占拠そのものだった。占拠キャンプは注目の的となり、そこに不満を抱えた人々が集まり、仲間を見つけることができた。この占拠運動の中で、アセンブリーは組織を支えるための補助的な役割から離れ、抗議行動の目的そのものになっていった。アセンブリーは人々がお互いの共通性を発見し、それを表明する第一義的な手段だったのである。カイロのタハリール広場の抗議キャンプでも確かに大規模なアセンブリーがおこなわれたが、アセンブリーにコンセンサスに基づいた意思決定という形を導入したのはスペインのインディグナドスによる15M運動だった。そして、この方式を広く普及させて、アセンブリーにおける実践として体系化したのは、オキュパイ・ウォール・ストリートであった。

コンセンサスに基づく意思決定は社会運動のなかで過去四〇年にわたって発展を続け、高度に構造化された方法になっている。コンセンサス意思決定のトレーニングを提供している「シーズ・フォー・チェンジ〔変革の種子〕」という集団による定義がわかりやすい。

それによると、「コンセンサスとは、すべての人を含める創造的な意思決定プロセスである。それは、ただ案に投票して多数派に道を譲るのではなく、集団の誰もが納得できる解決策を見つけることに専心することである」[17]。コンセンサス意思決定のプロセスは、同じ大きな目的に向けて以前から強く結束している集団において最も上手く機能する。ただし、このプロセスの欠点は戦略的な決定をするのに適していないことであり、つまりアセンブリーが形成された当初の目的とは異なる新たな目標を集団的に設定することには向かないところだ[18]。コンセンサスを作ろうとする圧力は、現状維持へのバイアスを生む。既存の実践を打ち破るような提案について、満場一致に近いところまで到達するのは困難なのである。コンセンサス意思決定プロセスは、二〇〇〇年代初頭のアルテルモンディアリスム運動に関わったベテランたちが紹介したものだった。彼らの多くは当初、二〇一一年の抗議行動をアルテルモンディアリスム運動の続きだと考えていた。しかし、二〇〇八年の出来事が事態を大きく変え、アセンブリーはかなり異なる使われ方をしていることが明らかになっていく。二〇一一年のアセンブリーは往来の活発な都心でおこなわれ、誰にでも開かれていて、そして広範な人々が集まってきた。キャンプの狙いや目的を過去の例からそのまま使い回すというよりは、新たに積み上げていく必要があったのである。その結果、コンセンサスによる意思決定という方式は同じであっても、二〇一一年のアセンブリーはアルテルモンディアリスム運動の時とは大きく異なる機能を発揮していた。

告白機能

二〇一一年に強調されたのは、効率的な意思決定を犠牲にしてでも人々に自分自身を表現させることだった。告白の重視とも呼べるこの取り組みは、アセンブリーが実際に果たしていた役割のわかりやすい例である。プエルタ・デル・ソル広場占拠の初期にパオロ・ジェルバウドが目撃したアセンブリーについての報告によれば、人々はマイクに向かって各自の持ち時間二分で、失業や破産、または不十分な育児支援など、自身の生活で苦しんでいることについて語った。そして、各自はその告白を「私もです、私はインディグナドスです（Yo tanbien soy un(a) indignado/a)」というフレーズで締めくくった。[19] アセンブリーの持つ同様の機能はアメリカでも確認された。「私たちは九九％だ」という有名なウェブサイトには、自身が直面している経済的困難について書いた段ボールを手に持って写る人々の写真が載せられている。[20] このように各自のストーリーを集め、それらに共通するテーマを見つけ出すことで、人々の間に共通性が生まれるだけでなく各自が抱える困難の構造的な性格への理解が深まっていく。これまで自分の個人的問題だと思っていたことについて、これほどにまで多くの人が同じように苦しんでいるのであれば、その困難は個人的過失のせいなどではありえないからだ。

アセンブリーにおけるこのような実践には、治療的な要素が含まれていると言える。人前で自分の状況を告白することは、意識のデフレに基づく様々な手法によって私たちにくり返し教え込まれた恥ずかしさや自身を責めてしまう感覚を克服する手助けになるのである。しかし、このように集団的におこなわれる告白によって生まれる効果は、ジェニファー・シルヴァの著書に登場する若年労働者たちが自身の人生を意味づけるにあたって中心的な役割を果たしてきた治療的物語とは少し異なるものである。[21] 人々が少なくともその初期段階でアセンブリーに魅力を感じたのは、新自由主義的管理の下で訓練されてきた人々にも馴染みのある参加形態であったためではないだろうか。ラッツァラートが言うように、「「個人追跡調査」においては、釈明が要求される」のだ。[22] ただし、このような親和性があるからといって、アセンブリーを新自由主義に汚染されたものとして放棄するべきということではない。むしろ私たちはアセンブリーを、既存の自己を乗り越え超越するための出発点であったと見るべきである。二〇〇八年の出来事によって、新自由主義の核心にあった「起業家的」主体性が危機に陥った。ここに新たな集団性を築くための空間ができたのである。共通の問題を認識することは強力だが、構造的問題に取り組むには単に集まっているだけではないような別の形態の集団性が必要になる。それは集団的な分析と行動であり、私たちが社会を変える取り組みをしながら私たち自身をも変えることなのである。

ここにアセンブリーのもう一つの機能を見ることができる。アセンブリーは参加者が自身の姿を映し出すスクリーンとなり、それを見ることによって自分たちこそが新たに生まれつつある政治的主体なのだと認識する役割を果たしたのである。参加者がアセンブリーに見出した最大の魅力は、「民主主義の情動」と呼ぶことができるようなものだった。重要な政治的瞬間を集団的にコントロールしながら、自身の話に他者が耳を傾けて真剣に受け止めるという経験は、ほんとうに人生を変えるほどの効果を発揮する。このラディカルな参加型の要素が、集団行動と並んで人々の集団的能力を伸ばす上で一番重要だったのである。アメリカ全土の占拠運動に数ヶ月間参加したジャーナリストのクィン・ノートンが明らかにしているように、これこそがアセンブリー方式に人々が強く惹かれた要因だったのである。

アセンブリー方式は日常の一部になった。つまり、「スタック」と呼ばれる演説の順番表、人民マイク、コンセンサス、議論と反論、情報の休止〔POI〕、異議申し立て〔ブロック〕などだ。喧嘩や物資調達の問題は、小規模なアセンブリーを組織することで対処された。アセンブリーは考えをまとめる手段にもなった。手振りジェスチャーが用いられ、沈黙のまま参加者の考えが表現された。これらはキャンプ生活のあらゆる場面に浸透した。心配事は「スタック」に記入し、他の参加者との会話で共感を示すにはジェスチャーを用いるのだ。オキュパイ運動で見られた様々な要素と同じく、最初のうちはこれがとても不思議な光景だった。[23]

コンセンサスに基づいて運営されているアセンブリーへの参加を通して生まれた初期の高揚感は、アルテルモンディアリスム運動のもう一つの遺産である予示的手続き主義の思想とも重なるものだった。つまり、組織における正しい意思決定プロセスへの支持が団結の核になり、参加者が想定する政治的共通性の代替になっていた。この組み合わせは、私がアセンブリー主義と呼ぶものを生み出した。これは、アセンブリーこそが「今こそ真の民主主義を！」という要求に対する直接的かつ有効な答えだという考え方である。[24] 二〇世紀の評議会共産主義者に労働者評議会こそが未来の共産主義社会の組織形態だと考えた者がいたように、オキュパイ運動の内外にも、極めて特殊な状況と過去からの影響のなかで生まれたコンセンサスに基づくアセンブリーを新たな民主主義の普遍的なモデルだと誤解し、ポスト資本主義社会を少なくとも予兆するものであると考える者がいたのだ。

まさにここに、事態がアセンブリーにコンセンサス方式では対応できない機能を発揮するよう要請していたことを認識できなかった理由がある。このことが原因で、結局アセンブリーは喜劇に転じていった。あらゆる理念型の例にもれず、生まれてきた歴史的条件との接点を失ったためにアセンブリーというモデルも失敗に向かった。その有用性が限界に達した途端、完全に拒絶されるようになったのである。このダイナミズムはノートンの証言から極めて明瞭に浮かび上がってくる。

アセンブリーには力による強制を拒む手段がなかったので、次第にそれに屈服するようになっていった。力の強い者の意見が通り、威嚇によって提案が採用された。自己の改革と再構築を参加者に促すための方式として当初導入されたものの、ここには彼らがそう行動しない場合に対処するメカニズムが備わっていなかった。組織に寄生する者にも、組織を食い物にする者にも、対処することができなかった。アセンブリー方式は機能不全に陥った。本来それが解放しようとしていたはずだった立場の弱い者や物静かな者などは排除されていき、アセンブリーは崩壊した。最後に残されたのは、お互いの喉をかき切ろうとする組織を食い物にする者だけだった。(中略)

アセンブリーという方式や形態、包摂性は失敗に終わった。オキュパイに参加した数千人の意識の中に第二言語のように刻み込まれたその理念は、新たな可能性に満ちていた。それ以上の可能性をもつ理念などありえなかった。それでも、アセンブリーは失敗した。[25]

しかし、アセンブリーと二〇一一年の運動がその適応能力の限界に達したからといって、これらを失敗だったと捉えるべきではない。むしろこれらは新たな政治的世代の形成に必要な瞬間だったと見るべきだろう。アセンブリーは偶然にも、一九七〇年代に顕著だったコンシャスネス・レイジングの役割を果たすことにつながった。これには二つの理由がある。第一に、多くの人々が働く同一の仕事場がなく集団を組織しにくい状況においては、コンシャスネス・レイジングは階級形成に欠かせない最初の瞬間となる。たとえば、一九七〇年代のフェミニズム運動においては、女性が孤立している状況、そして女性の問題が私的領域に追いやられてしまっている状況を乗り越えて、「階級としての女性」を構成するためにコンシャスネス・レイジングのグループが用いられた。第二に、私たちは新自由主義による意識のデフレの手法を乗り越える必要があるのだ。新自由主義の統治と負債が引き起こす個人化の影響を乗り越えるには、何らかの形でのコンシャスネス・レイジングが決定的な第一歩になる。つまり、アセンブリーは必要な瞬間だったのだ。ただ、それだけでは不十分だった。意識のデフレを生み出す新自由主義の時代に作られた様々なメカニズムは、単なる「頭の中の革命」だけでは到底達成することは不可能な物質的条件自体を変えてしまった。現在の物質的条件は抗議キャンプの維持をも困難にした。アセンブリーの抗議モデルはやるかやらないかという濃密な完全参加を求めるが、それはやる気をなくさせる労働とストレスの多い生活に埋め尽くされて自由時間が十分にない私たちの現実にそぐわなかった。アセンブリーと抗議キャンプは共通性を認識させ、構造的原因を探し始める際には役立つかもしれないが、それだけではその構造を乗り越えることができないのだ。

二〇一一年の波から生まれた中で最も洗練された運動のいくつかは、負債などの統治メカニズムを攻撃する第一歩として、アセンブリー形式の持つコンシャスネス・レイジング機能を備えていた。医療債務や学費ローンを標的にした「負債ストライキ(Strike Debt)」キャンペーンは、オキュパイ・ウォール・ストリートから生まれた運動の一つである。[26] この運動が負債返済拒否の活動を始めようとする人におこなうアドバイスの一つは、「負債アセンブリー」を開いて自身の債務状況について皆に告白し、問題の共通性を認識しつつ自身を責める意識を克服することである。同じことは、「プラタフォルマ・デ・アフェクタドス・ポル・ラ・ヒポテカ〔住宅ローン被害者の会〕」(PAH)というスペインにある極めて強力なグループにも言える。彼らはアセンブリーを「個々の問題の共通点と、個々人の決定が構造的要因に影響されていることを認識する」ために用いている。[27]

このようなキャンペーンは、抗議キャンプという象徴的な力の領域から物理的な力の領域へと移行し、人々の生活を拘束している構造やメカニズムに働きかけようとする試みであった。それは大きな成果を上げたが、やればやるほど政治的抑圧が強まるという問題に直面した。アラブの春における運動の多くは反革命や内戦の犠牲になり、スペイン政府はほとんどの抗議行動だけでなく、異議の申し立ての声を上げることさえも違法とみなした。

議会外での行動を通じて圧力をかけつつ議会制民主主義に沿って運動を進めようとする試みは、政治的行為の条件を国家が設定できるという問題に直面したのだ。けれどもジェネレーション・レフトは――それは世界中で爆発的に発生した議会外の運動によって形成されたが――二〇一四年から二〇一六年にかけて選挙政治に突破口を見出したのだ。

スペインをはじめとするいくつかの国では、二〇一一年の世代は十分な規模があったため、公式の政治空間を支配するための新しい政治的常識を創出することができた。イギリスでは、二〇一〇年の学生運動からオキュパイ運動を経て二〇一一年八月の暴動に至る長い二〇一一年によって、他よりも規模はかなり小さいが緊密なネットワークを持つ世代が形成された。この二〇一一年世代は比較的小規模ながら他のどのセクターより明確で一貫した行動が組織できたため、左派が労働党で主導権を握るための手助けをすることができたのだ。このような選挙への転回は、二〇一一年が失敗だったことの証明ではない。逆に、選挙への転回は二〇一一年が成功だったことを明らかにした。短い期間に多くの国々で一斉にこの転回が起こったということこそ、二〇一一年にマンハイムの言う左派の世代統一が国際的な規模で成立したことの確かな証拠なのである。

4 選挙論的転回

一九九〇年代初頭にテレビで見たあるインタビューが、どういうわけか、強く私の印象に残っている。それはあるサッカー監督が、直接ゴールを狙う傾向の強いイングランド・リーグの選手たちに、もっと忍耐強く攻める大陸ヨーロッパ流のサッカーを紹介しているという内容だった。監督は練習中、攻撃陣の選手にいつものようにアーリークロスをゴール前に蹴り入れるのではなく、味方にパスをして敵陣のスペースに走り込むよう指示をする。五分後、センターフォワードの選手は不意に声を張り上げた。「こんなふうに走って何の意味があるんだ。攻撃を始めたときと同じポジションに戻っただけじゃないか？」「その通り。しかし、相手チームのディフェンダーはそうじゃない」と監督は言う。[1]

二〇一一年の波が引いた後、私はこのインタビューを思い出した。新自由主義政策がいまだ続いている中で、あの闘争には何の意味があったのだろうか。二〇一一年のような瞬間が与える影響を即座に認識することは困難である。それは欲望や期待、そしてこれから何ができるかという可能性についての感覚が入り混じった中で経験されるからだ。二〇一一年の出来事に関わった者たちと、彼らに触発された者たちは、国際的なジェネレーション・レフトの強固な核を新たに作り上げた。この年に起こった様々な行動の結果、マンハイムの言う世代統一が形成されたのである。そして、彼らの全員が同時に同じ教訓を学んだように思える。というのも、そこから一斉に選挙政治へと明確に舵を切ったからだ。二〇一一年当時、批評家の多くは抗議キャンプとアセンブリー、そしてそこから生まれた水平主義の宣言に注目し、新たな世代の政治が完成したと思い込んだ。しかし、そうではなかった。新たな世代の政治スタイルを広場占拠の実践やそのスローガンと単純に同一視することはできない。また、ジェレミー・コービンの政権公約やバーニー・サンダースの選挙戦での宣伝文句を、この世代が目指す政治の終着点だと考えるのも誤りである。二〇一一年に起こった爆発とそれに続く選挙論的転回は、新たな世代の長い政治的闘いにおける二つの波として考えられなければならない。一つ一つの過程で、新しい政治のスタイルやその基調となる方向性のヒントが与えられるが、それらを取り巻く世代的ダイナミズムとは区別しておく必要がある。

選挙論的転回によって、ジェネレーション・レフトの中心は二つの課題に取り組むことになった。第一に、より規模の大きい二〇〇八年世代への影響力を強めることである。この世代は現状に不満を抱いてはいるものの、その状況に拘束されていることも影響して、社会運動に関わることに消極的だった。このため、二〇一一年世代は二〇〇八年世代にも響くような政治的表現を作り出す必要があり、結果として一定の成功を収めた。選挙や制度の領域を媒介とする新たなスタイルは、若者にも、世論調査で言う四七歳以下の比較的若い層にも、魅力的に映った。このことによって、世代間の政治的立場をよりはっきりと差異化することができたのだ。しかし、ここで新たな問題が生じた。永続的な政治変革を達成するためには、新たな世代は他の政治的世代や年齢層を味方につけるか、さもなければ乗り越える方法を編み出さなければならなくなったのである。

国から国へと稲妻のように駆け巡った二〇一一年の抗議行動の波がいつ始まったのかを特定するのは簡単だが、その選挙論的転回のきっかけを見つけるのは少し難しい。というのも、各国の選挙日程の違いによって影響が伝播するスピードに遅れが出るからである。選挙論的転回の徴候はもっと前から存在したが、それが疑いなく明白になったのは二〇一四年五月二二日木曜日だった。この日、欧州議会選挙でギリシャの急進左派政党シリザが右派の新民主主義党を抑えて国内の大部分の票を獲得し、逆に三六％から八％まで得票率を減らした新自由主義路線の社会民主主義政党・全ギリシャ社会主義運動を議会から追い出したのだ。その後、全ギリシャ社会主義運動のように新自由主義に傾いた「中道左派」政党が、ヨーロッパ全土で同じ運命を辿った。この流れは右派にとって都合がよいものだったが、同時に急進左派にも道を開くことになった。欧州議会選挙のもう一つの事件はスペインで起こった。左派ポピュリズム政党であるポデモスが全体の八％の票を獲得して欧州議会で五議席を得たのだ。ポデモスが結成されたのが選挙のわずか二ヶ月前であったことを踏まえると、この結果は驚くべきものだった。

翌年の二〇一四年一月二五日、シリザ支持者たちは国政選挙結果を見守るべく、首都アテネに大天幕を設置して集まった。群衆の中には、一五年前のアルテルモンディアリスム運動がきっかけとなりつながりをもった左派活動家もヨーロッパ全土から参加していた。この選挙でシリザは全体の三六％の票を獲得し、三〇〇議席中の一四九議席を得てギリシャの政権与党の座に就くことになった。群衆はこの結果に唖然とし、そして歓喜した。多くの人にとってそれは、ヨーロッパの反新自由主義運動が次の段階に入ったことを告げる決定的瞬間のように思えた。スペインにおけるポデモスの躍進もあり、社会運動の瞬間的盛り上がりをくり返すことで、新自由主義的統治を突き崩す前に有効な手立てを使い果たしてしまうというこれまでの傾向を乗り越えたかのようだった。

しかし、負債という新自由主義における伝統的かつ反民主主義的メカニズムによってシリザ政権の政策実行が妨害されたため、このよく出来た物語は月日を経るごとに崩れ去っていった。そして、シリザが信任を再確認するために実施した国民投票の際に危機的局面は訪れた。欧州中央銀行はギリシャの銀行に対して取付け（預金引き出し）をおこなって金融危機を煽り、人々を従わせようとした。「オヒ・レファレンダム」と呼ばれたこの国民投票では、三債権者（欧州中央銀行と欧州委員会と国際通貨基金）による強硬な新自由主義の緊縮政策、すなわちトロイカ体制を受け入れるか否かが問われた。ギリシャの人々は「オヒ(Oxi)」、つまり「ノー」を選択した。「ノー」に投票した人の三分の二は三〇歳以下だった。[2] しかし、トロイカはこの結果を無視する態度を示した。そして、ユーロ圏からの離脱を恐れたシリザ政権は屈服し、国民が二度も拒否した政策を実行した。ギリシャにおけるこの実験の失敗によって残された教訓とは、新自由主義改革は社会民主主義的政権が選挙で勝利するという極めて単純な方法を通じて社会民主主義の成立を妨害しようとするということである。シリザは政権を獲得したが、権力を手中に収めることはできなかった。しかし、新自由主義は反民主主義的であり、あらゆる形態の集団行動に敵対的であるということを明確にできるのならば、仮に失敗に終わることになったとしても選挙政治には意味があると言えるだろう。

ポデモスにとっては、二〇一四年の欧州議会選挙の後、二〇一五年五月二四日におこなわれた州議会議員および市議会議員を選出する統一地方選挙が次なる試練となった。州議会選挙の結果は、ポデモスの凋落を示唆した。全体の一三・五%しか票を獲得できず、数ヶ月前の世論調査の結果を大幅に下回ったのだ。しかし、市議会選挙では事情が異なった。ここでポデモスは候補者を立てず、スペインの各主要都市で結成されていた市民プラットフォームの支持にまわった。これら市民主体の地域政党は、社会的再生産の問題に取り組む様々な社会運動や15M運動とつながりのある左派政党や運動組織の連合体である「グアニェム・バルサローナ〔バルセロナへの市民参加〕」（のちバルサローナ・アン・クムー〔みんなのバルセロナ〕）をモデルとしていた。選挙戦の真の勝者は、スペインの五大都市のうち四市を掌握した市民プラットフォームである。その主役となったのは、バルセロナ市長に選出された住宅ローン被害者の会（PAH）のスポークスパーソンであったアダ・クラウと、市民団体「アオラ・マドリード〔今こそマドリード〕」の代表として首都マドリードの市長に選出された反汚職に取り組む判事マヌエラ・カルメナであった。

スペインの市民プラットフォームは、ポデモス指導者らを運動や左派政党の有機的関係に埋め込む巧妙な戦略の一環として評価できる。国政選挙政治は資産所有やマーケティングといった経済的関係によって右翼に偏向しているマスメディアとの関わりを必要とするが、市民運動との連携を保つことでこの右への引力を妨げることができるのだ。スペインの事例は、二〇一一年の出来事からその後の選挙論的転回への連続性を最も明白に示す事例であると言える。「今こそ真の民主主義を！」という要求が当初はアセンブリーの実践を伴って表明されていたとすれば、選挙論的転回は「人々の度重なる要求を無視し続けるだけでなく、抑圧の度合いを強める政治システムの限界に運動側が何度も直面した結果、運動を継続するための現実的な前提として、国家もまた闘争の場にならざるをえないと認識したこと」の結果なのだ。[3]

ここ数年、二〇一一年の出来事はそれに続く選挙論的転回の陰に隠れてしまう傾向にある。そのため、両者の連続性が見えにくくなっているものの、二〇一一年の参加型政治の精神は現在の選挙主義の各局面にも見出すことができる。すなわち、運動の方針転換などでは決してなく、同じ政治プロジェクトが異なる様式を通して続いているのである。もちろん、政治的様式は中庸ではないため、各様式において異なる形態の権力を行使し、異なる環境の影響を受けることになる。つまり、選挙政治に移行することで、ジェネレーション・レフトの共通性に亀裂が入る可能性もあるのだ。選挙サイクルの違いによって運動のリズムに差異が生じるだけでなく、選挙システムや政治的伝統の違いによってもジェネレーション・レフトの関わり方に差異が生じてしまう。

アメリカ合衆国とイギリスの採用する単純小選挙区制においては、新たな政党が台頭するのは難しい。そのため、どちらの国でも選挙論的転回は既存の政党の内部で起こった。バーニー・サンダースは若者が主導する選挙戦によって、あわや民主党の大統領候補指名を獲得できるところまで迫った。またジェレミー・コービンも、労働党の歴史上で最も左翼的な指導者になっただけでなく、二〇一七年の総選挙ではあわや勝利するところまで迫った。これはイギリスの歴史上で最も劇的な選挙の一つだった。コービンは世論調査の結果を大きく覆し、選挙戦の開始時点から労働党の支持率を二〇%増やし、保守党にわずか二%の僅差で惜敗した。この選挙は近年の労働党史上に例を見ないもので、二〇一一年の参加型および協働型の精神が息づいている証拠だと言える。労働党指導部が総じてコービンに敵対的であり、また予想されていた敗北の影響を最小限に留めようと守勢に回っていたため、実際のキャンペーンは正式な政党組織の外部で展開された。コービンを支持する「モメンタム」というグループが作成した「最寄りの激戦区」というアプリを駆使しながら、人々は自主的に票集めの選挙運動を組織し、そのメッセージの多くも党組織から独立して自由に作成されたビデオやミームによって拡散された。それは、ニューレイバー時代の強固な情報統制に真っ向から対抗するものだった。コービン自身も国内を遊説して回ることに力を注ぎ、集会に巨大な群衆を呼び込んだ。そして二〇一七年五月、プレントン・パークのサッカースタジアムで開かれた音楽祭にコービンが姿を現した際に「おお、ジェレミー・コービン」が自然発生的に歌われたところで、運動のダイナミズムは頂点に達したのだ。

イギリスとアメリカにおける選挙論的転回の逆説は、六五歳以上の政治家が主に若者を熱狂させて政党や政治運動への参加を呼び込むことができた点である。ジェレミー・コービンは六八歳で総選挙を闘い、バーニー・サンダースが大統領選の民主党候補者指名争いを闘ったのは七四歳のときであった。コービンとサンダースが若者の人気を集めたのは、過去三〇年間の代表政治に蔓延していたシニシズムと汚職に冒されていないように見えたからではないかと私は考えている。今よりも単純に、人々の利害を代表するという政治的伝統に彼らは立ち戻り、実際にそれを復興させた。つまり、コービンとサンダースが票を伸ばしたのは、自身の信念を曲げて妥協しない政治家だと評価されていたからである。彼らと若者との同盟関係に参加していないのは、三五〜六〇歳の年齢層の政治家たちであった。彼らを「第三の道」左派世代と呼ぼう。

世代的盲点

イギリスとアメリカでは選挙論的転回が新自由主義的な「第三の道」を掲げる中道派の支配する政党内部で起こったため、これらは二つの左派世代の関係を理解する上で最良の事例になる。[4] アメリカでは、世代的ダイナミズムは当初、ジェンダーの問題に偽装されていた。サンダースとクリントンの支持者を最も明白に分けたのは年齢だったにも関わらず、サンダースを支持することは反フェミニズムだという意味合いを与えようとする試みがなされた。クリントン支持派は「バーニー・ブラザーズ」というフレーズを使い、サンダース支持派との間にある世代的ダイナミズムを覆い隠そうとしたのだ。しかし、女性有権者全体の得票率ではクリントンの六七%に対してサンダースは三七%だったが、一八〜二九歳の女性についてはサンダースがクリントンの得票率を三七％も上回ったのである。[5]

イギリスでは、世代的ダイナミズムを否定する動きがより広範に見られた。コービンが労働党の党首に選出された瞬間から、「中道派」の政治評論家たちは労働党右派の議員や右翼メディアと連携して、コービンをトップの座から引きずり下ろすための仮借ないネガティブ・キャンペーンを展開した。評論家は若者が左寄りになっているということを理解しなかっただけでなく、その現象自体を全否定し、まったく関心を示さなかったのである。[6]『ファイナンシャル・タイムズ』のコラムニストであるジャナン・ガネシュは、ツイッターで「コービンとか運動とかいうのが騒がれているけれど、そんなものは全部クソどうでもいい」と発言した。[7]ガネシュは中道右派だが、「第三の道」の中道左派の間からもこの新しい政治現象を分析しようという態度は生まれて来なかった。『オブザーバー』のコラムニストであるニック・コーヘンは、「コービン礼賛のカルト主義が、労働党をおべっか使いの軽率で子供じみた悪党集団に変えてしまった」と書いた。[8]この悪意に満ちた不遜な態度は決して例外ではない。『ガーディアン』のコラムニストであるハドリー・フリーマンは、コービンを支持することを殺人犯チャールズ・マンソンとその「ファミリー」のカルト信仰に喩えることさえしたのだ。[9]

これらの罵倒の極端さをどう説明するべきだろうか。それらは単なる政治的意見の違いというレベルを超えており、またやる気のない冷淡さといったものでもない。ここで、世代分析が一つの視座を提供してくれるだろう。ブラジルの哲学者で活動家のロドリゴ・ヌネスによれば、左派世代は旧世代の盲点に形作られる傾向にあり、新しい世代が形成されつつある時に旧世代が権力を握っていれば、特にこの傾向は強まるという。[10]ではジェネレーション・レフトの場合はどうだろうか。二〇〇八年に表出し、二〇一一年に政治化することになった社会経済的問題からこの世代は形作られたが、それは先進国の多くでは「第三の道」を行く新自由主義の中道派が政権を握っていた時代に生み出されている。新しい世代がそうした政権に対抗して生まれ、政権与党が取り組めないか、もしくは取り組もうとしない問題に注目するというのは理解できることである。しかし、ここで問題にしている世代間の対話不能状態には、単なる対抗関係以上のものが含まれている。

「第三の道」とは、たとえ右に寄ることを意味するとしても、左派世代の一種である。この世代は一九八九年の出来事をきっかけにして形成された。つまり、ベルリンの壁崩壊とそれに続くグローバルな労働力人口の倍増である。可能性が閉ざされるというこの出来事から生じた感覚は一九八〇年代の闘争に終止符を打ち、当時の左派世代は社会を左寄りにすることはもうできないと諦めるようになった。この諦めが、「第三の道」の世界観の背景にある。既存の権力関係を変えられないのであれば、政治運動は戦略を変えなければならない。このため、金融資本のヘゲモニーを維持し、実際にはそれを強化しながら、ニューレイバーの参謀ピーター・マンデルソンが「とっても寛大な」態度と呼んだものに任せて、ごく少数のエリートに富が集中するのを黙認するようになった。この妥協の見返りが、先行きの明るかった金融および住宅部門からの税収の一部をワーキングプアに再分配することだった。しかし、この富の再分配は新自由主義を基盤にしていたため、公共支出が私企業を通じて提供されるようになり、また新自由主義的統治が社会の隅々にまで広がった。クリントン大統領の任期中に最も顕著になったアメリカ版の「第三の道」は、これよりもさらに退行的だった。福祉は大幅に縮小され、代わって監獄システムが社会を覆うようになったのである。

「第三の道」時代に政治的常識となったのはただ一つ、それは右に寄って「中道派」の無党派層から支持を集めるという発想である。このモデルが一貫して実行されたために、「第三の道」はそれを生み出した歴史的条件から切り離されて、政治における普遍的な教訓だと誤解されるようになった。一九九〇年代にはこの戦略は少なくともそれ自身の論理の中では有効だったかもしれないが、しかしそこには自滅する論理が内包されていた。右翼的政策と物語を採用すれば右派の強化につながり、左派の支持基盤を掘り崩すだけなのである。二〇〇八年の金融危機は身から出た錆だった。危機によって中道左派のほうが中道右派よりも大きな打撃を受けたのだ。金融部門の収益の一部を再分配するという新自由主義的成長モデルは吹き飛んでしまい、それに伴って中道左派の政治連合も崩壊した。しかし、問題はもっと深いところにまで達している。近年の中道左派は、ジェレミー・コービンが労働党の主導権を握ったことやバーニー・サンダースが若者の票を獲得したことを否定しようとしているかに見える。とはいえ、こうした現象の背後には二〇〇八年の危機がある。この出来事によって、中道派はその絶頂期に起こった経済成長のすべてが幻想だったことを暴露され、存亡の危機に陥ったのだ。すなわち、二〇〇八年の出来事が「第三の道」左派の成果だと思われていたものを、歴史をさかのぼって根こそぎ奪い去ってしまったのである。

ジェネレーション・レフトのコモン・センス（常識）は、まさにこの「第三の道」を前提とする視座の盲点にある。自身の経済的展望が貧弱なことに加え、「第三の道」の失敗にも学んだジェネレーション・レフトは、権力の均衡を保つのではなく労働者階級の側に寄せ切り、二度と反転しないようにすることを狙っているのである。コービンの学費無償化政策に対して中道派は、貧困層に対してよりよい資源の使い方があるはずで、政策として後退していると酷評した。この批判は、学費負担や負債が新自由主義に親和的な主体を鍛え上げるのに役立っていることを見落としている。「第三の道」左派がジェネレーション・レフトの存在を認識できない理由は、そうすれば自身の分析枠組みではもはや世界を読み解くことはできないということを認めざるをえなくなるからだ。「カルト主義」などという政治的分析を欠いた被害妄想のような概念を、指導者に催眠術をかけられているという大昔の右翼的な群衆理論が説いた意味合いで用いて、凝り固まった世界観に一致しない現象を無理やり押し込めようとしている。これが評論家が極端な態度をとる理由である。ハドリー・フリーマンらの記事は説得を目的としたものではない。それは自分たちの世代の実存的有効性を声高に主張しただけのものだ。「「我々こそがまさに本物なのだ!」と(中略)現実が彼らから抜け落ちてゆくのを感じて(中略)叫んでいる」のだ。[11]

左派メランコリーからの脱却

長い一九八九年の出来事に際して「第三の道」左派が新自由主義と妥協したのに対して、当時の急進左派はこれとはまた異なる影響を受けた。一九九九年の時点で左派が「時代の性格を捉え、それに合致した新たな政治的批評や政治的ビジョンを発展させることに失敗した」ことに触れて[12]、ウェンディ・ブラウンは次のようにその結末を描いている。

形成されたのは、現状を深くラディカルに批判することも、既存の秩序に対する魅力的なオルタナティヴを提示することもしない左派(中略)であり、積極的な可能性ではなくその不可能性に執着する左派、未来への希望ではなく自身の周縁性と失敗とに居心地の良さを感じる左派、つまり自身の死んだ過去の桎梏にメランコリックに執着し続け、亡霊のような精神をもち、後ろ向きで懲罰的な欲望の構造に囚われた左派だった[13]。

ブラウンはこのような態度を「左派メランコリー」と呼ぶ。この概念はヴァルター・ベンヤミンからの借用であり、左派が冬の時代を経験していた一九三〇年代にベンヤミン自身が使ったものである。ベンヤミンはメランコリーの概念をフロイトによる「メランコリア」と「悲嘆」の区別に依拠して用いた。この区別に従えば、左派世代が時代の移ろいを認識してそれを悲嘆することができれば、次に進んで新たな時代と関わることができるという。しかし、メランコリアはそれを許さない。

〔メランコリアとは〕悲しい喪失から回復し、過去の重荷を背負わずに現在を自由に生きようとする欲望を上回って、喪失したものにいつまでも固執すること。つまり、メランコリアは死や喪失への一時的反応ではなく、永続的な条件や状態、いわば欲望の構造なのである。[14]

すなわち、メランコリアとは旧世代の伝統の喜劇的な反復のことであり、「現在におけるラディカルな変革の可能性を掴もうとするより、ある特定の政治的分析や政治的理念、あるいはその失敗に固執する」心性なのである。[15]これに加えて、左派メランコリーとは変革の可能性がなくなりつつある時代の特徴でもある。一九九〇年代の急進政治や理論の多くには、ラディカルな変革は喫緊の課題でないだけでなく、このような思想が広範な賛同を得ることはありえないという暗黙の前提があった。

アルテルモンディアリスム運動は、ポスト新自由主義左派の政治的形態を作り出そうと試みた最初の政治的世代であったが、ここにさえ左派メランコリーの痕跡を発見することができる。この世代は一九九九年にシアトルで起こった出来事、すなわち世界貿易機関の閣僚会議を「人間の鎖」で封鎖するという行動の成功によって形成された。これは典型的な過剰の瞬間を生み出し、国際サミットへの抗議行動や座り込み、そして社会フォーラムが世界中に広がった。しかし、ほとんど同じ出来事が毎年くり返されるだけになり、運動はすぐに落ち着いてしまった。このような決まったやり方では、運動を再生産することはできても、世界を変革することはできなかったのである。当時最も人気のあった「もう一つの世界は可能だ」というスローガンは、新自由主義のスローガンである「この道しかない」に対する異議申し立てを狙ったものだったが、その可能な世界をどのように実現するのかについて真剣な議論はほとんどおこなわれなかった。振り返ってみると、一九九九年の出来事が生み出したのは、可能性を吸い込むブラックホールと化した一九八九年の引力から自由になれない世代だった。

ウェンディ・ブラウンは左派メランコリーを「欲望の構造」と呼ぶ。それは妥当性を維持しようとする左派の欲望が陥りやすい逃れられないループのことである。しかし、欲望は内面からだけでなく、外的な諸力によっても生み出される。現在の闘争のサイクルがアルテルモンディアリスム運動と大きく異なる点の一つは、それらの共通の敵である新自由主義が一九九九年当時は自信にあふれ敵なし状態であったのに対して、二〇〇八年までにその自信を完全に喪失してしまったという点だ。左派メランコリーを克服するためには、単に見方を変えるだけでは不十分である。たしかに、見方を変えることが役立つときもあるが、むしろ、私たちが世界を理解し行動するための能力を制限している物質的構造や実践を乗り越える必要がある。選挙論的転回が絶頂に達した時、左派の理念に惹きつけられる人々は確かに存在するということが明らかになった。この事実に基づいて、左派の理論をラディカルに変革することが必要である。それに加えて、私たちはジェネレーション・レフトが若者の間でヘゲモニーを握る極めて現実的な可能性を目の当たりにしたのである。ここからどのような戦略を立てていくかを考えていかなければならない。しかし、もちろん戦略作りが終着点ではない。

エコロジーの拡大

出来事やそこから生まれた運動が、それまで考えられていた可能性を超越していくものだとすれば、選挙政治はこれと逆の方向に進む傾向がある。選挙では、既存の可能性の感覚と妥協するように様々な圧力が加えられる。そこでは、政治とは可能なことを実行する技術のことである。選挙戦や国民投票といった個々の出来事は、過剰の瞬間を生み出すこともあるが、選挙政治の日常的やり取りの中で右派に引き寄せられていく。選挙で勝つということは諸勢力と同盟関係を作るということであり、その際には必ず一定の妥協が必要になる。しかも、マスメディアが選挙戦で中心的役割を担っている以上、実際はむしろ敵地での闘いを余儀なくされる。そのメディアにしてもあくまで最初のハードルに過ぎない。左派の政府はあれこれと騒ぎ立てる官僚を説得し、クーデターの脅威を取り除き、グローバル資本との対決に備えなければならないだろう。現代の左翼的な政府が直面する大きな問題は、資本がストライキしたらどうするかということだ。これは海外への資本逃避や投資しぶり、またはATMを停止させるほど巨大な通貨危機を引き起こすことといった形でおこなわれるだろう。

これらの問題を解決するためには、人々を動員する必要がある。運動だけが、危機感や恐怖感を煽るメディアの攻撃に対抗できるからだ。特に、人々の生活を改善することに直接的に取り組む運動だけが、私たちが必要とする社会の根本からの変革を起こすことができる。そして、議会外の力を行使することを通じてのみ、資本の力に対抗することができる。

そのような力を行使するにあたっては、二つの形態が存在する。一つ目は、通常の企業活動を妨害するための力である。社会的ストライキ、つまり社会全体で広範なストライキを打つことによって資本のストライキに対抗することだ[16]。二つ目は、これまでとは違うことをする力である。これにはコモンや協同セクター、連帯経済を発展させることが含まれる。ギリシャでは、資本からも国家からも一定の自律性を保って社会の再生産が直面している危機に取り組むプロジェクトが広範に展開されている。自治的に運営されるクリニックやコミュニティ食堂、スーパーマーケットなどは、欧州中央銀行の脅迫に対する緩衝材のような役割を果たした。

この二重の戦略の問題点は、選挙政治には他の政治的様式を解体し、無視してしまう傾向が強くあることだ。選挙政治は、運動を展開するための時間とは相容れない選挙サイクルという特有のテンポを強いる。そして、代議制の下では、必然的に、人々を代表するごく一部の専門家が排他的な空間で行動する形になってしまう。

選挙という様式は多くの点で現在の情勢に合致している。大衆の継続的な政治参加を支えるための物質的条件はまだ整っていない。ほとんどの場合、大衆の政治的行動はその場限りであり、最も重要な局面に大衆的運動を展開することが必要な選挙政治も一時的なものである。しかも、そうした小規模な選挙戦でさえ、ジェネレーション・レフトを持続的に動員して勝利するのに多くの困難がある。このことを踏まえて、議会外の政治は大衆のその場限りの政治参加を軸に進めながら、大衆にそれを強いている諸条件の変革を目指さなければならない。

左派に必要なのは、異なる機能を発揮しながらどれか一つが他を従属させず調和的に働くような組織の有機的関係、いわばエコシステムである。これはニック・スルニチェクとアレックス・ウィリアムズが「組織間の機能的相補関係」と呼んだものである。[17] ジェネレーション・レフトはこれまでのところ、ある組織形態をその限界に達するまで利用し、さらに進むために別の手段に切り替えることで、特定の組織形態に執着してしまう危険性をうまく回避している。しかし今必要なのは、選挙論的転回によって起こりうる悪影響を予防するために、様々な機能に同時に目を向けることだ。選挙プロジェクトは、運動やシンクタンク、自治体のプロジェクトや自治組織ネットワークなどに組み入れなければならない。かつてフランクリン・ルーズベルト大統領は急進的労働組合指導者たちに、「あなた方に賛成です、私もそれをやりたい、さあそうするように仕向けてください」と言ったとされている。これに対して、左派政権は権力を外部に移譲して中央集権化を自ら阻止し、「国家の中で国家に逆らう」ことをしなければならない。[18]

このようなプロジェクトにおいてジェネレーション・レフトは、くり返される笑劇を回避して自身を再生させようと努めてきた過去の左派の諸世代から協力や資源を得ることができる。マンハイムが言ったように、「ある新しい世代動向のもっとも本質的な萌芽が、既存の古い世代に所属し、その内部でなお孤立している個々人（すなわち先駆者）によって最初展開され実践に移されるということは、きわめてしばしば起こる事態である」[19]。幸運なことに、現在の世代は左派メランコリーに対して免疫があるようだ。ジェネレーション・レフトは、二〇世紀の左派の失敗と行き詰まりが生きた経験ではなく単なる遺産にすぎなくなった最初の世代なのである。冷戦終結後の第一世代は、「社会主義」や「コミュニズム」といった言葉を恐れず、その伝統を自分たちの目的に沿って改革しようとしている。しかし、左派はもう一つの問題に直面することになる。それは選挙における右翼の勝利が明らかにした、世代間の政治的分裂である。最後の章ではこの問題を論じなくてはならない。

5

成人モデルの改革

電車の中で、二人の会社員のぎこちない会話が聞こえてきた。一人は若者で、もう一人は明らかに年上で上司のように見える。二人は話題に困っていた。若いほうが、「昨夜やっていた『ブラック・ミラー』というテレビ番組を見ましたか？」と言うと、年配のほうが、「いや、あれは好きではない」と答える。若いほうは、「昨日の回はとても考えさせられる内容でしたよ」と、頑張って会話を続けようとする。年配のほうは、「そうか、でも私は考えさせられるのが嫌いだ」と言い返す。こうして会話が弾まないままだ。やがて年配のほうは自動車番組『トップ・ギア』のファンだったことがわかった。

年を取ると、文化の嗜好も社会の見方も政治的意見も保守的になるということに法則はあるのだろうか。現代のジェネレーション・レフトも不機嫌な顔をした気難しい右翼の老人に変わってしまうのを避けられないのだろうか。それとも、この運命から逃れる道があるのだろうか。

なぜ保守主義は年配者に多いのか

年を重ねると固着を避けることはできない。経験や習慣、知識を積み重ねることで、それらは体から離れなくなってくる。そうして動きが鈍くなり、行動や思考の範囲が狭まっていく。これはある面では、仕事や家庭での責任を負うようになるためであるが、必ずしも全ての厄介ごとが拒絶されるべきでもない。どの親も、足にまとわりついてくる子供を引きずりながら家の中を移動した経験があるはずだが、それでも少しでも無条件の愛を得られるのであれば、多少の動きやすさを犠牲にしてもよいと考えているだろう。固着が問題になるのは、現在の成人モデルにおいてはそれが堆積物になるからである。私たちの慣れ親しんだ生活が凝り固まったものに変わってしまうのだ。

固着自体は、マンハイムの言う政治的世代の核になることもある。若い世代は蓄積されたハビトゥスが少ないために、形作られる出来事に対してより情熱的に関わろうとする。他方、年配の世代は過去の自身の経験から得た教訓を通して新しい出来事を理解しようとする。重要な出来事であれば、その受け止め方の差異によって異なる世代的展望が形成されることになる。人々は若い頃に物事に対する基本的な考え方を身につけるが、それが社会一般の習俗と一致しなくなることもある。二〇世紀後半から二一世紀初頭にかけて社会自体がより「リベラル」になったため、人々が価値観を変えないまま年を取ればそれは保守化したかのように映ることになる。このため、年を取ると保守的になるという通念が前提にしているものの少なくとも一部はカテゴリー誤謬である。世代的影響の問題を、ライフサイクルの問題と取り違えているのだ。しかし、もちろん社会が「リベラル」になる歴史の流れは、自然なものではない。それは人々が人種やジェンダー、セクシュアリティについての平等を求めて闘い取った結果なのだ。この本の冒頭から明らかにしている通り、政治的世代は階級闘争のダイナミズムと密接に結びついている。

　こうした世代的影響の問題を差し置いて、データ上ではライフライクルの問題が目につきやすい。たしかに近年、年配の世代の保守化は顕著な傾向になりつつある。しかし、そうした傾向自体も歴史とともに変化することを踏まえれば、この流れを自然法則などと捉えるべきでは決してない。高齢者の保守主義は、人間の生理に内在しているものだと言うのと同じくらい、社会的に構築されたものなのだ。生理的条件と社会的条件のどちらの影響が強いかという議論は昔からあるが、近年の議論ではそれは脳神経の可塑性という枠組みで考えられることになるだろう。その考えによれば、若者の脳は新たに神経結合を作りやすく、そのため新たな考え方や経験を受け入れやすいのだという。しかし、この法則も絶対不変ではない。脳神経の可塑性は、生活習慣に加えて、特に知的活動の習慣の度合いや新たな経験に直面する頻度に影響を受ける。すなわち、脳神経の可塑性の衰退は社会的に孤立することによっても促進されるため、現代社会における成人および高齢化のモデルから切り離して考えることが難しい。そのモデルによれば、若い頃の活動的な社会生活は、徐々に雇用と核家族に収縮していくものだとされている。このような社会的孤立化は、都市空間の設計と家屋の構造によって固定化される。二〇世紀に支配的だった自動車やテレビも社会的孤立化を促進するテクノロジーである。これらすべてが保守的な価値観の形成に影響を与えているのだ。

生活空間が人種や階級だけでなく、年齢によっても分断されつつあるなかで、まさに若者こそが民族的にも文化的にも多様な存在である。高齢者は人種や社会的出自の異なる人々と出会う機会が減る傾向にあるのに対し、若者は多様な文化を抱える都市に住むことが多い。個人的経験の幅が限られるにつれて、メディアが問題を構成する枠組みに影響されやすくなる。そして、主要な報道機関は寡頭支配の下にあるため、そこから発信される情報は右翼的傾向を帯びる。このことは、レイシズムが人種的多様性に欠ける地域においてて最も根強いという事実によって裏付けられる。さらに、どのメディアから情報を得るのかについても年齢によって大きく分かれる。新聞を買うのは高齢者だけになりつつある。また、他に対抗しうるメカニズムが存在しないため、テレビで流されるニュースの内容も新聞が決めている。そして、右翼の新聞をはじめ大部分のテレビニュースが、恐怖心を喚起するビジネスモデルを採用していることにはほとんど疑いがない。ブレグジットやトランプの勝利といった出来事をすべてここから説明できるわけではないとしても、そうしたメディアの性質を抜きに考えることは難しいだろう。いずれにしても問題の核心にあるのは、人々は無所有になることを恐れているために、このような煽動の影響を受けやすいということだ。

マイケル・ハートとアントニオ・ネグリは『アセンブリ』（岩波書店、二〇二二年）において次のように述べている。「私的所有（＝私有財産）はあなたを共同体へと結びつけることを約束する。だが実際には、あなたを他者から分離し、あなたを多数から守ることにより、たんに避難所を提供しているにすぎない。（中略）私的所有〔＝私有財産〕を守るための安全性《セキュリティ》という化粧板の表面を引っかいてみると、その本当の基盤が顔を覗かせるだろう。それは恐れである。私的所有の社会は恐れを管理し、増殖させる」[1]。私的所有は恐怖心を内包している。そして誰かに財産を奪われるかもしれないという恐怖心が保守主義の発端にあるのだ。ただし、財産所有が大衆に広がったのは比較的最近のことであり、若年層の持ち家率の低下を考えると、一時的な現象だったと見るべきであろう。

現在の成人モデルは私的所有を核にして形作られている。しかし、これは自然なことでは決してなく、一連の政治的プロジェクトの帰結なのである。成人と財産所有の結びつきは、資本主義の歴史とそれに伴って登場したリベラリズムの政治理論に起源を持つ。特に、その理論家の一人であるジョン・ロックは、土地の元々の使用者がその「財産」の価値を十分に発展できないという「未熟さ」を根拠として、共有地の囲い込みや植民地の収奪を正当化した。[2] また、参政権に資産要件が課せられていたという歴史を参照しても、成人の権利や責任が財産所有と結びついていることがわかる。しかし、これは決して大昔の話ではない。イギリスで資産要件が完全に撤廃されたのは一九二八年であり、複数不動産の所有者による複数投票が廃止されたのは一九四八年のことであった。この成人普通選挙の登場によって、保守主義体制は危機に陥った。この危機に対処するために「財産所有制民主主義」という概念が生みだされたのである。つまり、私的所有を普及させることで、社会主義者たちの目指す財産の共同管理に対抗しようとしたのだ。この計画がついに達成されたのは、金融市場と住宅市場で新自由主義改革が行なわれた一九八〇年代から一九九〇年代にかけてであった。[3] その結果、有権者の大部分が金融と利害を共有するようになった。しかし、二〇〇八年の金融危機は、私的所有では私たちの未来を保障するのに十分ではないということを明らかにした。それが最も必要な時に財産所有は価値を失ったのである。結局、ハートとネグリが言うように、「所有財産はあなたを救わないだろう」[4]。既存の成人および高齢化のモデルは、それに囚われている人々に実際に不利益をもたらす。それは恐怖心に駆られて社会的に孤立した主体を生み出す装置なのであり、これによって人々は老後になるとあたかも疫病のように一斉に孤独にさいなまれるようになる。そして、この孤独感が極右に傾倒する素地を作り出すという、まさに現実的な危険性を伴う。ただ、このモデルに欠陥があることを示す最も明らかな証拠は別にある。それは新しいメンバーを迎えることができなくなったということだ。

若者にとって、人生において何が成功なのかを測る指標を見つけることは、ますます困難になっている。伝統的には、経済的に安定した地位を得るという意味で「ちゃんとした仕事」に就くこと、結婚すること、親になること、そして特に過去四〇年間はマイホームを手に入れることなどが、成功の意味だった。物質的な基盤が不安定になったことを一つの要因として、これらの目標はどれも以前より達成するのが困難になるか、または達成できる年齢が上昇している。低賃金で不安定な有期雇用が広がったことで、経済的に安定することは多くの人にとって夢物語となり、もし結婚して子供をつくることができても、その年齢は上昇傾向にある。たとえば、二〇一五年におけるイギリス人の平均結婚年齢は一九七〇年当時と比べて一〇歳も上昇した。[5] アメリカ合衆国でも事態は同じであり、二〇〇八年以前に予想されていた数と比べて、実際の新生児の数は四八〇万人も少なくなっている。[6] このような晩婚化と少子化は、核家族以外の家族モデルが許容されるようになったことや、より多くの女性が労働市場へ参入していることの反映でもあるが、それらの傾向は金融危機後の不況とその後の不透明な見通しによって否応なく加速している。[7] 金融危機が起こった二〇〇八年当時、イギリスでは二〇歳から三四歳の五人に一人が両親と一緒に住んでおり、二〇一五年にその数は四人に一人に増えた[8]。さらに衝撃的なのは、イギリス人の若者の持ち家率が過去二〇年間で半減したことである[9]。

もちろん、こうした成人モデルはこれまで、それを追求する機会が普遍的に提供されていたわけでもなければ、望ましいものでも決してなかった。とはいえ、これらを追求することがますます困難になったということは、成人期が危機的状況に陥っていることを示唆している。そして、このような状況に対して一般的に提示される解決策は、若者が成人期に移行することを妨げている様々な障害を取り除くことである。しかし、これはおそらく不可能だろう。そもそも階級構成が変化していることに加え、この既存の成功コースを踏襲しようとすれば世代間のゼロサムゲームとなり、破滅的な結果を招くことになるからである。たとえば、家をたくさん建てるなどして住宅価格を引き下げようとすれば、老後の生活保障を不動産バブルに頼っている年配の世代を犠牲にすることになる。このような世代間の衝突は避けるべきである。むしろ、年金受給者が金融と取り結んでいる同盟関係を断ち切り、それによって覆い隠されてきた階級的な真の敵を露見させる必要がある。それは老後の物質的生活を保障するための新たな方法を探すことを意味する。とはいえ、生活できるだけの年金を受給しながら余生を楽しむという未来は、三〇歳以下のほとんどの人には想像できないことだ。これまでのライフサイクルの全段階が崩壊しているか、崩壊しつつある。まさに全てを改革する必要があるのだ。[10] これは途方もないことに思えるかもしれないが、新自由主義による社会改造もまた同じように大規模におこなわれた。そして、私たちは何もないところから始めなければいけないわけでもない。一九六〇年代から一九七〇年代のカウンターカルチャーにおける集団生活の実験や、フェミニズムによる核家族批判は、若者の自由を前提にしながら成人モデルを平等主義的に改革しようとする試みだったと言える。こうした試みのほとんどは一九八〇年代に挫折したが、そこには参考にできるモデルも含まれている。しかし、若年期の体験を軸にして成人モデルの改革を進めるのは、現在のところ困難である。今の若者には、年配の世代が「若年期」というものに連想する経験や特性の多くを、もはや手に入れることができないからだ。

道を絶たれた若者

現代における若者の概念、つまり「子供」とも「大人」とも区別される社会経済的カテゴリーは比較的最近になって作られたものである。若者は二〇世紀初頭から台頭し始めるが、それが大衆的現象になったのは第二次世界大戦後だった。全体的な生活水準が上昇していくなかで、若者自身が家族を支えるために働きに出る必要がなくなったことで、若者の消費パターンが市場における独自性を発揮するようになったのだ。この現象は一九四四年に「ティーンエイジャー」という概念が発明されたことに始まり、現代に先立って年齢が政治的分断の鍵を握った時期である一九六〇年代から一九七〇年代の若者文化によってその頂点に達する。[11] この数十年間に、「若者」という概念は自由や自己実現と結びつけられるようになった。すなわち、若者とは親の干渉から比較的自由でいられる一方で、正規の仕事に就いて自身の子供や家族を養うという全面的に規律化された人生に足を踏み入れる前の時期だったのである。「若者」というカテゴリーは当時、階級的同質性を掘り崩してしまうもののように思われていた。だが、振り返ってみれば、若者運動はむしろ階級構成が変化したことの徴候だったのである。賃金の上昇と福祉国家型の社会保障によって、当時の若者は自由を追求できるだけの物質的および心理的基盤を得ることができたのだ。時代が進むにつれて、彼らのカウンターカルチャーは「若者」の特性を人生の他の段階にも普及させようとした。新自由主義という反革命は、私的所有と成人モデルの結びつきを改めて強固なものにすることでこの試みを潰した。持ち家を手に入れることが人生の目標になり、それによって核家族も復興されたのである。

現代の若者は、自由と自己実現の時期としての「若者」という期間を経験しているのだろうか。今やそうするための時間も場所もなくなってしまったように思える。すでに触れたように、負債によって学生や若者はより早く大人になることを強いられており、その結果現在を犠牲にしなければならない。不動産価格が天文学的に上昇していることに加え、低賃金と高額の教育費負担、そして失業手当の廃止によって、若者が仕事から解放され自由時間を確保するための伝統的な手段は著しく制限されている。彼らは家賃を支払うためだけに、低賃金で長時間労働に従事するという罠にはめられている。一八歳から三六歳の平均的な手取り収入の三分の一を家賃が占めているのである。彼らの祖父母が若者だった一九六〇年代と一九七〇年代には、家賃は収入のわずか五%から一〇%にすぎなかった。これはすなわち、自由を奪われた彼ら「ジェネレーション・レント（賃貸世代）」の状態が現代の若者事情を表しているだけでなく、未来の成人モデルをも予告するものであるということだ。

若者の生活は使用料（レント）の支払いに支配されている。これは住宅に関してだけではまったくない。賃料または使用料を徴収する手法は、若者が最もよく利用する現代の中心的なビジネスモデルである。これは、まさに負債を生み出すメカニズムであるだけでなく、今では音楽を聴くときも、テレビ番組を観るときも、車を運転するときも、私たちは使用料を支払ってアクセスするようになっているのだ。「シェアリング・エコノミー」という誤った名称をつけられているものによって、使用料支払いが生活の隅々にまで広がりつつある。シェアリング・エコノミーの下では、世界中の巨大企業が二一世紀の生活に不可欠なインフラへのアクセスに対して使用料の支払いを要求している。プラットフォーム資本主義は、採取産業だということが明確になってきた。プラットフォーム企業は様々なサービスについて金銭的な使用料を請求するだけでなく、私たちの消費行動から生まれるデータを採取し、その所有権を獲得している。データ収集、使用料、そして負債の自己増殖的ダイナミクスによって富と権力が一方向に流れ、現代社会は財産所有制民主主義から寡頭制レント主義に移行しつつあるのだ。これは新たな封建制に近い支配体制である。ジェフ・ベゾスやマーク・ザッカーバーグは封建君主のような生活を送るなかで、残りの大多数の人々は債務に縛られた農奴と化している。金融のヘゲモニーが維持されながら、その一方で財産所有が一部の人に制限され集中している。財産所有制民主主義は、普通選挙制の成立で顕著になった社会主義の脅威に対抗するために登場したものに過ぎなかった。寡頭制レント主義にとって社会主義の脅威は過去のものとなり、いまでは負債によって民主主義を無効化ないし機能不全に陥らせることができるという前提に立っている。しかし、この前提が誤りで、民主主義を再建して腐敗した寡頭支配を打倒できるとすれば、それはすなわち現在の階級構成と若者の経験にかつての社会主義を凌駕するほどのポテンシャルが秘められているということである。

すべてのものをすべての人に！

私有財産の価値は希少性と結びついている。それは、あなたが所有するか、さもなくば私が所有するという競合的性質のあるものだ。この無所有状態に陥るという潜在的可能性によって、財産所有者は右翼的な恐怖心の煽動の影響を受けやすくなる。競合的ではない財産を軸にして成人モデルを構築することができれば、ジェネレーション・レフトの若者が年を重ねるにつれて右傾化するのを防ぐことができる。幸運にも、まさにそのような共有財産が私たちの日常生活に隠されている。ハートとネグリが言うように、「今日における所有財産の主たる形象――すなわち、コードやイメージ、情報、知識、文化的生産物をはじめ、たいていは著作権や特許で保護されているもの――は、おおむね非物質的で複製可能である」[12]。デジタルコンテンツに代表される無形財産は競合的ではない。一つの複製品をつくるのにかかる費用はほぼゼロである。私が所有できるし、あなたも所有できる。誰も損をしない。すなわち、デジタル財産の原価はゼロに近づいていく。プラットフォーム資本主義が発展するのに長い時間を要したのは、自発性を特徴とするインターネット文化を乗り越えなければならなかったからだ。デジタルコモン、つまりデジタルコンテンツの共有という発想は、利用者の感覚にとても近いために直感的に理解されている。フェイスブックのような強迫的なまでの自己愛が助長される資本主義的プラットフォームにおいてさえ、ソーシャルメディアの根底にある発想を消去できないでいる。すなわち、人とつながりたい、自分を表現したい、みんなでつくりたい、自律的にやりたい、という欲望である。すでにジェネレーション・レフトは、コモン（共有財）の価値を軸に成人モデルを改革する準備が十分にできているのだ。

コモンに基づく成人モデルの構築にはデジタルコモンを育てることが不可欠である。ここでは、協働的な生産活動を奨励し、賃料・使用料徴収型のビジネスモデルを抑制すること、そしてオートメーションやデータ収集、ネットワーク化の恩恵を社会化することが含まれる。[13]しかし、財産所有の誘惑を乗り越えるためには、コモンが人生の全段階において支配的にならなければならないだろう。だが、法律を少し改正するだけでも、シェアリング・エコノミーを本来の姿に復活させることができる。既存の労働法をより強固に適用することができれば、プラットフォーム型協同組合がウーバーやデリバルー〔イギリスの料理宅配サービス〕などの寄生的資本主義プラットフォームを排除できるだろう。しかし、こうした改革の中でも最も中心的なプログラムとなるべきものは、住宅協同組合の大幅な拡充と世代間での同居を広めることである。

このためには、コモンが行政の組織改革を主導するような、両者の革新的な協力関係を築くことが不可欠である。[14]コモンがほとんどの公有化の形態よりも決定的に優れている点は、参加型民主主義と強く結びついていることだ。[15]ハートとネグリが言うように、「〈共《コモン》〉は、より根本的な仕方で所有〔=所有財産〕と対照をなすものなのであり、使用と意思決定の権利から排除的性格を取り除くことで、それに代えて、開かれた共有的な使用と民主的ガバナンスという図式を設定するのである[16]」。コモンは「野放し」とは異なり、それを維持し、管理するためのコミュニティーが必要となる。そして、コモンの管理は新自由主義的管理主義と真っ向から対立する。それは民主主義を鍛えることを意味する。すなわち、孤独に競争する個人の階層秩序ではなく、強く結びついた個々人が協働するための集団を作り出すのである。さらに良いのは、このようなコモンの取り組みを始めるのに、左派政党が政治権力を掌握するまで待つ必要もないことだ。強固な連帯ネットワークや借家人組合を組織し、地主や企業との係争に際して互いに支え合える体制を整えることは今すぐにでもできる。これは、労働組合運動の再活性化や民主化と並んで、選挙論的転回が求める左派組織の新たな有機的関係において欠けていたものだった。また、これは民主主義的管理を鍛え上げるだけでなく、真のセキュリティを築き上げる試みでもある。行動的で民主的なコミュニティーに所属することは、あなたが大切にされ、あなたの必要が満たされるためのこれまでで最も安心できる方法なのだ。これに比べれば、私的所有によって得られる保障など取るに足らないものである。

　これと同じようなことをハートとネグリも言っている。

　私たちは、私的所有〔＝私有財産〕も国家も達成することができないこの真の安全性《セキュリティ》の力強い予兆を、社会的、エコロジー的惨事《ディザスター》＝災害において現れる共同体と協働の諸形態の中に見出すことができる。例えば近年、ブラジル、アルゼンチンから、スペイン、ギリシア、日本にいたるまで、人々は貧困や危機を抜け出して、連帯経済を展開し、生産、消費、サービス、食物、住居をローカルな規模で組織した。連帯経済は、利益と資本主義的管理の体制へのオルタナティヴとして、協働と自主管理を強調するが、それはたんに平等主義的なものでなく、より効率的で安定的なものである。[17]

この展望を実現するにあたって、私たちはジレンマに直面する。現在のところ、私たちには民主主義に完全に参加できるほどの時間も資源もない。このため、ほとんどの人はこの試みに、参加することができたとしても一時的にしか関わることができない。しかし、参加者が少なければ、常に私たちを低賃金でより強度の高い労働に長時間従事させようとする資本家の利害を代表する政府になってしまう。これは負のフィードバック効果をもたらす。しかし、民主主義のティッピング・ポイントに到達することができれば、この循環を逆回りさせることも可能だろう。民主主義への意欲を高めれば、十分な時間と資源と自信をもって私たちの要求を主張することができるし、それが民主主義をさらに進める土台にもなる。この好循環は寡頭制の支配者たちが最も恐れるものなのだ。

そのためには、ユニバーサル・ベーシック・インカム（ＵＢＩ）とユニバーサル・ベーシック・サービス（ＵＢＳ）が国家によって提供される必要がある。失業による貧困化のリスクに対して集団的保障制度を設けることで、カウンターカルチャーによる意識の拡張と新しい生活様式の実験を再開できる。これによって「若者」と自由の結びつきを再発見し、その自由を「大人」の生活にも拡げようとする取り組みが再び生まれてくるだろう。不安定な雇用にしか就けない若者にとって、終身雇用は終身刑ではなくむしろぜいたく品に思えるかもしれないが、この考え方を転換するのに長くはかからないはずだ。フレキシブルな雇用を社会保障で支えて仕事と私生活の両方をコントロールできるようになれば、責任ある大人になるために誰も経済的に自立する必要がなくなるはずである。ただし、若者に与えられる自由のいくらかが成人にも必要だとしても、若者と成人との境界を崩してしまうのは誤りだろう。若者が自由な時間を持つことができるのは、ある面で背負うべき責任がないからである。これに対して、成人するということは自身の人生に伴う責任を背負っていくことであり、重要なのはこの責任を広義のケアを軸に捉え直すことなのである。誰が、もしくは何がケアの対象となりうるのかという制約は乗り越えられるべきだが、それは個人がバラバラに取り組むべき課題ではない。

ケアの優先順位とケアに必要な資源の配分を決めることは、政治と同義である。ここに私たちが民主主義の拡張を求める理由がある。フェミニストが核家族を粉砕したいと言うのは、愛する家族をケアすることをやめたいからではなく、その愛の絆を他者にも拡張したいからである。そして、ジェネレーション・レフトの政治的構成はケアの再評価を要請している。有償か無償かに関わらず、ケアや社会の再生産に必要な労働は急成長しているセクターである。労働全般のオートメーション化が進めば、この傾向はさらに強まるだろう。ケア・セクターはまた、最大規模にして最も戦闘的な労働運動の拠点にもなりつつある。ここで、いかにケアする相手をないがしろにせずにストライキを打つかというそれ自体のジレンマが生じる[18]。しかし同時に、新自由主義の病によってケアが深刻な機能不全に陥っていることを明らかにしてもいる。ジェネレーション・レフトによるコンシャスネス・レイジングは、ケアと修復を反復するという形態をとる。このことは、二〇一一年のアセンブリーで発揮された極度に治療的な効果から明らかであり、同じものが現在進行中の連帯経済やケアの集団的実践の試みにも発見できる[19]。物質的および精神的資源を動員することができたならば、このケアの機能を今や危機的状況に陥っている介護（老人ケア）に向ける必要がある。

誰しも、いつも複雑で多様な欲望や利害関心を抱いている。その中で何に取り組むかは、どれが実現できそうかによって決まる。本書で技術的構成と呼んできた大きな情勢の変化が、政治的可能性の新たな状況に沿ってこれらの関心を再構成する試みの基盤を形成する。若者を取り巻く物質的条件の悪化によって、かつては支配的だった新自由主義的な展望を追求する可能性が閉ざされた。これに伴って、新たな利害が生まれつつある。たとえば、卒業後の不完全就業という事態を踏まえて、学卒者は高卒以下の若者との共通性を見出すようになっている。二〇一一年という坩堝《るつぼ》から左派の世代統一が成立した。この世代はその後、そこで拡がった可能性を政治的プロジェクトに傾け、新たに生まれつつある利害関心を導くことを課題として取り組んでいる。コモンの価値を軸に成人モデルを改革することは、この取り組みを手助けすることになるだろう。それは現行の実践を続けながら、その範囲を拡張して未来の政治的可能性に形を与えられるようにすることを意味する。これは単にジェネレーション・レフトが老後に右傾化するのを予防するためだけではない。それは現在における世代間の断絶を架橋するような試みを生み出すためでもある。

老人の間に蔓延する右翼的言説のヘゲモニーを完全に打ち倒すことはできないだろうが、その関係に亀裂を入れて少数をこちら側に引き剥がすことはできる。私たちがやるべきは、年配の世代の利害と金融資本との関係を切り離し、これまでとは異なる老後の可能性を示すことだ。つまり、年配の世代が私的所有という壁の中に孤独に閉じ籠らないようにするために、公的なそしてコモンによる社会保障を提供することを意味する。しかし、このような可能性が人々にとって魅力的であるためには、現在進行中の運動や組織、そして文化においても世代間の連帯が実現できていなければならない。結局のところ、退職者はジェネレーション・レフトに提供できるものを多く持っている。それは、現代社会で最も希少性の高い自由時間というものだ。一方、若者は社会性を提供することで、老後の生活に蔓延する孤立や孤独感を克服する手助けができる。政治的世代を純粋に年齢だけに基づくものと考えてしまうと、このような世代間の和解への見通しは不鮮明になる。しかし、現在の世代間断絶を階級構成の変化の結果だと捉えれば、階級としての利害を共有することによって断絶に架橋することはできるはずだ。

ベビーブーマー世代が投票によって支えてきた支配体制を前にして怒りを抱くのは簡単だが、それは敗北した世代の成れの果てだということを忘れてはならない。新自由主義に敗北する以前には、信じられないほど力強く有望な左派世代が存在していたのである。その敗北は大きな損失を生んだ。そして、その損失の埋め合わせをするのは、彼らだけでも私たちだけでもなく、これから生まれてくる未来の各世代も含まれているのである。気候変動の発見と新自由主義の台頭が同時に起こったのは破滅的なことだった。これによって地球温暖化に取り組む最良のチャンスを逃してしまったのだ。その解決策が気に入らないからといって気候変動否定論を受け入れ、しかもその最悪の結末を見ることなく寿命を迎える人々こそが、今後の歴史において最も批判を浴びることになるだろう。私たちは歴史の交差点に位置している。ジェネレーション・レフトは勝利しなければならない。そして、ケアのエートスを拡張して地球規模のコモンを築かなければならない。未来は左派世代の敗北にもうこれ以上は耐えられないのだから。

日本語版への解説

ジェネレーション・レフトになるために

斎藤幸平

本書は、Radical Futures（ラディカルな未来）というポリティー社の叢書シリーズの一冊として刊行された Keir Milburn, *Generation Left* (Cambridge: Polity, 2019) の翻訳である。著者であるキア・ミルバーンはレスター大学経営学部で講師を務めたのち、現在はローザ・ルクセンブルク財団ロンドンオフィスに勤務している。専門は社会組織論である。ミルバーンは、世界の左派の潮流を、マルクス主義、とりわけマリオ・トロンティやアントニオ・ネグリに代表されるアウトノミアからの理論的影響のもとで分析し、注目を集めている。彼の刊行物では、本書が初めての日本語訳となる。

コロナ禍という「出来事」

本書がイギリスで刊行されたのは、二〇一九年であり、その中心的テーマは欧米を中心とした「左派ポピュリズム」という政治現象である。イギリス労働党のジェレミー・コービン、アメリカ民主党のバーニー・サンダース、さらには、ギリシャのシリザ、スペインのポデモスなどがその代表例だが、日本でも、山本太郎のれいわ新選組が注目を集め、左派ポピュリズムは度々議論の的になってきた。

だが、二〇一九年と比べ、世界の政治的状況が大きく変わってしまった感は否めない。コービンもサンダースも選挙では敗北したし、シリザもトロイカに屈してしまった。また、ポデモスは大きな分裂騒動があった。山本太郎も都知事選では票を伸ばすことはできなかった。

では、左派ポピュリズムのブームはもう過ぎ去ってしまったのだろうか？　本書の分析内容を踏まえれば、そうとは言えないはずだ。ミルバーン自身も「日本語版への序文」でこうした問題を直接論じているが、以下では、本書の内容を紹介しながら、私なりの立場から、ポスト・コロナにおける左派ポピュリズムの可能性について、ミルバーンの議論を手掛かりに考えることにしたい。

まず、なぜ二〇一九年の議論が、もはや遠い過去の出来事のように感じられるかと言えば、この一年半ほどの新型コロナ・ウイルスの世界的流行によって、日常が大きく変わってしまったからである。その意味で、今回のパンデミックは、二〇〇八年のリーマン・ショック以上の「出来事」と言えるだろう。「出来事」とは、「社会のコモン・センス（常識）を打ち破るような変化が突如として起こる瞬間」、要するに、突然、不意打ちでやってくる世界を揺るがす歴史的大事件のことである（四二頁）。「出来事」がもたらすショックはそれまでの支配的秩序を不安定化させる。この不安定化によって、これまで自明なものとして受け入れられてきた「コモン・センス（常識・共通感覚）」は瓦解し、社会は大きな混乱に陥ることになる。

人々が出来事に直面した際の反応は、地域、階級、ジェンダー、人種などによってその影響も異なるため、当然多種多様である。たとえば、ブレグジットやトランプ現象の分析においては、しばしば都市と地方の対立や、階級的対立が指摘されてきた。つまり、リベラルで多文化主義的な都市部の富裕層と、産業が廃れた地方で経済的困窮に喘ぐ労働者階級という対立である。だが、本書の独自性は、ミルバーンがカール・マンハイムの議論を参照しながら、「世代」と「出来事」の関連性に注目することにある（四一頁）。

出来事に直面した際、人々は、自らの経験や既存の価値観を手掛かりに、状況を解釈し、意味を与えることで、秩序を再構築しようと試みる。その際、それまでの秩序を望ましいと感じており、そこから利益を享受してきた世代は、「出来事」を前にしても、以前の価値観に固執し、元に戻ろうとする。その結果、彼らの態度は保守的なものとして現れることになる。

たとえば、本書では、リーマン・ショックが、そのような「出来事」として描かれている。リーマン・ショックは、金融資本主義が引き起こしたサブプライムローン・バブルの崩壊によって引き起こされたものであったが、金融危機はそれまで推し進められてきた新自由主義の矛盾を露呈させた。だが、新自由主義のもとで規制緩和された金融市場で資産形成をおこなってきた世代は、リーマン・ショック後も、これまでの体制をますます熱心に支持し続けたのである。というのも、信託、不動産などで投資・資産運用しながら、老後の資金を貯めている人々は、金融資本主義と利害関心を完全に共有しているからである。

一方、新自由主義改革と経済危機のせいで、若い世代にとっての安定した正社員のポストは、さらに減少した。ギリシャ、スペインの若年層失業率は、五〇％を超えたほどである。経済の長期停滞が続くなかで、親の世代よりも豊かになるという見込みがないという厳しい現実に、彼らはその後もずっと直面している。実際、ミレニアル世代は、この数百年間で初めて、前の世代よりも生涯収入が低くなる世代だと言われている。そのため、貯蓄がなく、運用資産を持たない若い世代は、上の世代の作り上げたシステムから疎外されているという想いを強めている。

コロナ禍でも同じ状況が繰り返されているのがわかるだろう。二〇二一年二月現在の日経平均株価は三万円を三〇年ぶりに超えるようになっている。だが、どれほど株価が好調だとしても、庶民の生活は大変厳しく、実体経済も停滞している。突如仕事を解雇され、家を失った人もいる。また、エッセンシャルワークに従事する人々は、感染リスクに晒されながら、低賃金・長時間労働を強いられている。

ここでは、かつてないほどの実体経済と金融市場の乖離が露わになっているが、若い世代と年配の世代は、実体経済と金融市場という、二つのまったく異なる階級的現実を見ながら生きているのだ。資本主義の長期停滞が続くなかで、リーマン・ショックやコロナ・ショックという出来事を通じて、「世代的分裂」が顕在化するようになっているのである。

もちろん、こうした格差問題は、「出来事」の前にも存在していた。だが、金融危機やパンデミックのような「出来事」は、この構造的矛盾を、はっきりと可視化させた。その結果、これまで人々が自明のものとして受け入れてきたコモン・センスは揺らぎ、旧来の方法での社会的同意の獲得は難しくなっていく。こうして、現状の秩序が揺らぐなかで、これまで周辺化されてきたような考えに、チャンスが回ってくるのである。この点について、新自由主義を推進した経済学者ミルトン・フリードマンは次のように述べている。

> 実際に危機に襲われるか、あるいは差し迫った危機の恐れでもない限り、ほんとうの変革は起こらない。そしていざ危機が発生すると、誰でも手近にある意見や理論を頼りに行動しようとする。私たち学者の基本的な役割は、ここだ。現行政策に代わる政策を用意しておく。ウォーミングアップを整え、いつでも選手交代に応じられるようにしておく——政治的に不可能だったことが不可避になる日のために。[1]

フリードマンは、オイルショックとその後のスタグフレーションという「出来事」を利用して、ケインズ主義という戦後のコモン・センスが揺らいだ時に、新自由主義を一気に広めたといってよい。そして、この流れをさらに強めた出来事が、ソ連崩壊であった。その際には、フランシス・フクヤマによって「歴史の終わり」が宣言され、世界中に市場原理主義が広められたのである。

サッチャー政権以来、約半世紀にわたって、「新自由主義への代替案は存在しない（TINA）」と刷り込まれて、私たちは暮らしてきた。日本で暮らしていても、「緊縮財政」「自己責任」「公務員バッシング」など、いかに新自由主義的思考が、私たちのコモン・センスになっているかがわかるだろう。

だが、遂に、この新自由主義というコモン・センスが危機に陥っているのだ。事実、各国では積極的な財政出動が要請されるようになっている。日本でも一〇万円の一律給付がおこなわれたが、長引く緊急事態宣言を前に、ベーシックインカムのような毎月の定額給付を求める声が高まっている。

また、行き過ぎた民営化や社会保障費の削減によって、保健医療体制があまりにも脆弱になっている現実を前にして、病床削減を進める地域医療構想や公立・公的病院を整理縮小する計画への批判が強まっている。そして、価格競争だけを気にして、アウトソーシングを進めすぎた結果、マスクや消毒液も十分に確保できず、ワクチンも開発することができなかった。

市場に任せておけばいい、民営化こそが効率化である、政府は小さいほうがいい、という新自由主義は危機の瞬間にはまったく機能しなかったのだ。むしろ、危機の瞬間に、政府は積極的に市場へと介入し、人々の生活を守ろうとしなければならなかった。ここに、マルクス主義哲学者スラヴォイ・ジジェクは、各国政府の対応に「戦時共産主義」というコミュニズムの萌芽を見出したほどである。[2]

ここで「共産主義」という言葉が出てくるのは、大げさだと思われるかもしれない。ただ、コロナ・ショックを前にして、新自由主義に代わる新しい秩序を志向する可能性や必要性が出てきているのは否定できないはずだ。ここに左傾化の潜在性、二一世紀の左派にとっての政治プロジェクトが存在する。その担い手が、急進化している若者たちである。

1　ミルトン・フリードマン『資本主義と自由』日経BP社、二〇〇八年、一六頁。
2　スラヴォイ・ジジェク『パンデミック』Pヴァイン、二〇二〇年、七七頁。

ジェネレーション・レフトと「出来事」

だが、なぜその際に、ミレニアル世代やZ世代は、出来事を前にして、「保守化」ではなく、「左傾化」したのだろうか。ミルバーンによれば、各世代が「出来事」をどう経験するかが、その分かれ目となる。

「ジェネレーション・レフト」の台頭には、二つの「出来事」が決定的であった。先にも述べたように、一つ目は二〇〇八年のリーマン・ショックである。金融危機によって、人々は失業し、新自由主義によって削減された社会保障制度のもとで、苦しい生活を迫られることとなった。一方で、危機の原因となった大企業には、「大きすぎて潰せない too big to fail」という理由で、公的資金が大量に投入されたのである。こうした理不尽さに直面しながらも、人々はその大きなショックのために茫然自失となり、十分な抗議活動を展開することができなかった。ミルバーンによれば、リーマン・ショックは「受動的出来事」として経験されたのだ。それはまさに、ナオミ・クラインの「ショック・ドクトリン」の世界である。

だが、この「経済的」出来事は、「世代が生まれる素地」を作り出したとミルバーンは述べる（八六頁）。そして、もう一つ別の「政治的」出来事によって補完され、新たな「世代」が形成されたのだ。それが、二〇一一年、ウォール街占拠運動やスペインの15M運動といった世界的な抗議活動である（九八頁）。

もちろん、二〇一一年の運動も、社会システムに直接的な変化をもたらすという意味では、成功とはいえない。けれども、この運動に参加した若者たちは、この第二の「出来事」を能動的・積極的なものとして経験したという事実が重要である。新自由主義に抗議することで、「TINA」はウソであるということを、みなで一緒に体感したのだ。この共通経験を通じて、これまでとは異なる集団的主体が形成され、自分たちの力で新たな社会を生み出せるという確信が得られたといってもよい。これをミルバーンは「能動的出来事」と呼ぶ。この経験が、二〇一四年以降の「選挙論的転回」を引き起こし（一一三頁）、左派ポピュリズムの躍進をもたらした。こうした観点から、二〇一一年は評価されなくてはならないのである。というのも、こうした点に留意しないなら、オキュパイ運動には水平的な直接民主主義にこだわったせいで組織化が不足しており、失敗した「素朴政治」にすぎないと言われてしまうからである。[3]

もちろん、出来事が「受動的出来事」のままで終わってしまうこともある。その場合には、人々は無力感に苛まれることになる。すると、そのような世代は、保守化するとミルバーンは言う（八七頁）。事実、欧米でも、右派ポピュリズムが台頭している。たとえば、ハンガリーのオルバン政権下では、パンデミックを理由にして、法律が改定され、言論の自由などが制限されている。日本にも、欧米と比較できるような左派ポピュリズムは存在しない。現在の秩序に代わる魅力的な代替案がない場合には、人々は既存の秩序に強く戻ろうとして、保守化していくのである。つまり、「出来事」によって形成された世代が左傾化するか、保守化するかは、彼らがどのような社会的・政治的可能性が参照できるかに大きく左右される。だからこそ、ジェネレーション・レフトは作り出されなくてはならない政治的プロジェクトなのである。

その際に、ミルバーンが強調するのは、政治家や専門家がこの政治的プロジェクトを先導するわけではないということだ。むしろ、議会政治に過剰な期待をすべきではない。そもそも社会変革のためには議会政治だけでは不十分なのだ。というのも、議会政治というのは、その性質上、妥協的な制度だからである。妥協を繰り返すなかで、政治的可能性は失われていく。議会政治だけに頼る「政治主義」は、危機を突破するような大きなビジョンを出すことができず、早晩行き詰まってしまうのである。[4]

もちろん、議会政治がそのような設計上の制約を抱えているのは、やむを得ない。だからこそ、社会運動のような議会外の行動によって、補完され、その社会的・政治的可能性が所与のものを突破するような「過剰の瞬間」を作り出さなければならないとミルバーンは述べる（九二頁）。まさに、左派ポピュリズムの盛り上がりは、そのような過剰の瞬間が生み出したものだったのである。

気候危機とZ世代

だが、問題は解決から遠い。しかも、パンデミックとそれに伴う実体経済の停滞だけではない。出来事はコロナ禍で終わりではないのだ。山火事、熱波、干ばつ、洪水、スー

3 そのような見解としては、Alex Williams and Nick Srnicek, *Inventing the Future: Postcapitalism and a World without Work* (London: Verso, 2016).

4 「政治主義」については、斎藤幸平編『未来への大分岐』(集英社、二〇一九年)、第一部を参照。議会政治の限界は、民主党政権交代時の期待が、政権獲得後に急速に萎んでいった経緯を思い起こせばわかるだろう。

パー台風……。一〇〇年に一度と言われるような異常気象が毎年のように連発する気候危機の時代を生き延びなくてはならない。これこそが、人類の経済活動が地球全体を覆ってしまった「人新世」という出来事である。

グローバル資本主義が引き起こしている人新世の環境危機は、新型コロナ・ウイルスのワクチンが開発されたとしても解決されない。経済成長がコモン・センスであり続ける限りで、環境破壊はますます深刻化していくだろう。際限なく拡大し続ける人間の経済活動は、気候変動以外にも、種の絶滅、砂漠化、海洋酸性化など生態系の攪乱を深め続けていく。

そうしたなか、今、ミレニアル世代よりも若いZ世代が、パンデミックのショックを乗り越えつつ、よりいっそう左傾化しながら、台頭してきている。未来のための金曜日、サンライズ・ムーブメント、ブラック・ライヴズ・マター、#MeTooなど、様々な社会運動が世界的に展開されるようになっている。

こうした運動は、まさに「過剰の瞬間」になりうるだろう。事実、議会外の運動は議会政治と結びつき、大きな力を発揮しつつある。なかでもこの傾向が顕著なのがアメリカである。当時二〇代にして、下馬評を覆してニューヨーク州から選出された民主党議員アレクサンドリア・オカシオ＝コルテスは、もともと「アメリカ民主社会主義者Democratic Socialists of America」（DSA）という政治団体のメンバーであった。そんな彼女はいま、若者たちから絶大な支持を受けながら、サンダースとともに、グリーン・ニューディールを訴えている。ここには、二〇一九年の末には、グレタ・トゥーンベリらの未来のための金曜日やサンライズ・ムーブメントのような環境運動との強い結びつきがある。ニューヨーク州バッファローでは、DSAからの推薦を受けた社会主義者の候補者が六〇年ぶりに市長になるというニュースもある。

こうしたなか、バイデン大統領は二〇〇兆円規模のコロナ・気候変動対策を発表した。大規模の財政出動による貧困問題・気候変動対策を民主党の主流派に飲み込ませた背景には、サンダースらを支えている若者たちの声を無視することができなくなったことが大きい。アメリカの社会主義者たちが政治を動かすというのは、ソ連崩壊後の数十年間には、まったく考えることができなかった新たな潮流ではないだろうか。まさに、新自由主義の緊縮財政の時代が終わり、これまで犠牲にされてきた自然環境や格差問題への積極的取り組みがおこなわれる可能性が遂に出てきているのだ。

未来はどこへ向かうのか

今後、技術革新や市場メカニズムによって気候変動は対処できるという、これまで支配的だった前世代の「楽観的」思考は、過酷な現実を前にますます妥当性を失っていく。一方、グレタたちの世代の不安や恐怖は現実のものとなる。今回の出来事の経験が、世代や階級、地域ごとにどのような違いを生み、左傾化していくのか、保守化していくのか、現時点で断言することはできない。その限りで、未来は開かれた状態にある。そんな今だからこそ、危機の瞬間に備えるような新たな政治的プロジェクトを左派・リベラルは今すぐにでも構築すべきである。

もしコロナ・ショックという「受動的出来事」を前にして、社会的・政治的可能性を提示することができなければ、今の若い世代も、年を取るとともに保守化していくことになるかもしれない。それを防ぐためには、新しい社会に向けた大きなビジョンを描くことが不可欠である。対応の遅れが続けば、社会的・政治的可能性は狭まっていき、失望が社会の保守化をもたらし、ますます分断や排外主義を強めてしまうだろう。

そのようなビジョンを能動的に作り出し、新しい世代による多様な社会運動を盛り上げることが、人新世の環境危機を「能動的出来事」に転換するための唯一の道なのである。

繰り返せば、そのような試みは世界中で出てきている。ここに確かな希望は存在するし、その限りで、「歴史の終わり」は終わったのだ。[5] つまり、「資本主義の終わりを想像するよりも、世界の終わりを想像するほうが簡単だ」[6] という「資本主義リアリズム」の時代は終わった。[7]「九九%のための経済学」[8] が提唱されるようになり、そうした流れのなかで、「ラグジュアリーコミュニズム」[9] や「脱成長コミュニズム」[10] など様々な形で、ポスト資本主義のユートピアが描かれるようになっているのである。

その際に、若者だけに期待を託すのでは不十分である。この現実を作り出した上の世

5 ビニ・アダムザック『みんなのコミュニズム』（堀之内出版、二〇二〇年）、八二頁。
6 フレドリック・ジェイムソンほか著、スラヴォイ・ジジェク編『アメリカのユートピア——二重権力と国民皆兵制』書肆心水、二〇一八年、一三頁。
7 マーク・フィッシャー『資本主義リアリズム』（堀之内出版、二〇一八年）。
8 ジョン・マクドネル編『九九%のための経済学——コービンが率いた英国労働党の戦略』（堀之内出版、二〇二一年）。
9 アーロン・バスターニ『ラグジュアリーコミュニズム』（堀之内出版、二〇二一年）。
10 斎藤幸平『人新世の「資本論」』（集英社新書、二〇二〇年）。

代には責任があるからだ。そして、社会を変えていくために、世代間のギャップを克服する必要は間違いなくある。マンハイムは、世代によって共通の価値観が形成されると述べたが、もちろん、価値観は伝播するし、それに合わせて、世代を超えた社会全体でシェアされる新しい価値観を作ることは十分に可能なはずである。気候変動は、若者たちだけが直面する問題ではないのだから。たとえば、地方の高齢者も豪雨などによって取り残されるリスクがあるし、農業や漁業を営んでいる人々こそ、気候変動の影響が自らの仕事にもっともはっきり表れる。その意味で、竹田ダニエルが述べているように、Z世代とは単なる世代ではなく、一つの「価値観」として捉えることもできるだろう。[11] つまり、より上の世代も、危機を前にしてZ世代の訴えに耳を傾け、新しい価値観を学び、共にアクションを起こすことで、ジェネレーション・レフトになることが、今こそ求められているのである。

本書はJSPS科研費若手研究「環境危機の時代における脱成長とグリーンニューディールの批判的統合」(20K13466)ならびに韓国研究財団NRF-2018S1A3A2075204の支援を受けており、そのプロジェクト成果として刊行されるものである。

11　竹田ダニエル「「大人の求めるZ世代象」への違和感」『群像』二〇二〇年一二月号。

原注

日本語版への序文

1 Ipsos MORI. 2019. 'How Britain voted in the 2019 election.' https://www.ipsos.com/ipsos-mori/en-uk/how-britain-voted-2019-election

2 British Election Study. 2021. Age and Voting Behaviour at the 2019 General Election. https://www.britishelectionstudy.com/bes-findings/age-and-voting-behaviour-at-the-2019-general-election/

3 T. Piketty, *Capital in the Twenty-First Century, trans. Arthur Goldhammer*, Cambridge Massachusetts: The Belknap Press of Harvard University Press, 2014, p.378.〔トマ・ピケティ『21世紀の資本』山形浩生・守岡桜・森本正史訳、みすず書房、2014年、393頁〕

4 Ibid., p.447.

5 L. Adkins, M. Cooper, and M. Konings, *The Asset Economy*, Cambridge: Polity, 2020, p. 6

6 B. Christophers, *Rentier Capitalism*, London: Verso, 2020.

7 イギリスにおいては、介護費用に対する公的支援を受給するには資産調査をクリアしなくてはならず、基本的には所有する資産をまず売却することが求められる。

8 J. Lanchester, *The Wall*, London: Faber and Faber, 2019.

1 世代の再考

1 YouGov, 'How Britain Voted at the 2017 General Election': https://yougov.co.uk/topics/politics/articles-reports/2017/06/13/how-britain-voted-2017-general-election/.

2 Ipsos MORI, 'How Britain Voted in 2010': https:// www. ipsos.com/ipsos-mori/en-uk/how-britain-yoted- 2010.

3 K. Kawashima-Ginsberg, N. Hyatt, A. Kiesa and F. Sullivan, Donald Trump and Young Voters, CIRCLE report, Tufts University, June 2016: https://civicyouth.org/wp-content/uploads/2016/05/Trump-and-Youth-Vote.pdf.

4 以下より引用。M. Ehrenfreund, 'Bernie Sanders is Profoundly Changing How Millennials Think About Politics, Poll Shows', Washington

Post, 25 April 2016: https://www.washingtonpost.com/news/wonk/wp/2016/04/25/bernie-sanders-is-profoundly-changing- how-millennials-think-about-politics-poll-shows/.

5 Harvard IOP Spring 2016 Poll: http://iop.harvard.edu/youth-poll/harvard-iop-spring-2016-poll.

6 YouGov, 6-8 May 2015: http://cdn.yougov.com/cumulus_uploads/document/3csd07d2dd/tabs_OPI_socialism_20150508.pdf.

7 アメリカのミレニアル世代全体では、31パーセントが社会主義者ないし民主社会主義者と自認している。 https://info.marublue.net/acton/attachment/36213/f-0012/1/-/-/-/-/BuzzFeed%20News.pdf.

8 B. Tulgan, *Not Everyone Gets a 'trophy': How to Manage Generation Y*, San Francisco, CA: Jossey- Bass, 2009. J. Twenge, *Generation Me*, New York: Atria Books, 2014.

9 B. Gardiner, *Stagnation Generation*, London; Resolution Foundation, 2016.

10 Ibid., p.7.

11 Ibid., p.39.

12 N. Howe and W. Strauss, *Generations: The History of America's Future, 1584 to 2069*, New York: William Morrow, 1991.

13 N. Howe and W. Strauss, *Millennials Rising: The Next Great Generation*, New York: Vintage, 2000, pp. 7-9.

14 サッチャーの悪名高いこの主張は、1987年9月23日発行の雑誌Woman's Ownに掲載されている。

15 Gardiner, *Stagnation Generation*, p.17. 最新の世代の名称については、過去に様々な案が提起されてきた。「Z世代」や「iGen（iジェネレーション）」、「ポストミレニアル世代」などである。もちろん、この世代がいつ始まったかについての合意は未だに形成されていない。

16 D. Willetts, *The Pinch*, London: Atlantic, 2010. ウィレッツは2015年にレゾリューション基金の代表に就任した。これによって、さらに世代間正義についての研究が進められることになった。

17 E. Howker and S. Malik, *Jilted Generation*, London: Icon,2013, pp. 39-41.

18 Gardiner, *Stagnation Generation*, p.39.

19 長期的な賃金水準の停滞や労働分配率の低下については、以下を参照のこと。S. Lansley and H. Reed, *How to Boost the Wage Share*, London: TUC, 2013.

20 このプロセスについての議論は以下を参照のこと。W. Streeck,'The Crises of Democratic Capitalism', New Left Review, 71 (2011): https://newleftreview.org/II/71/wolfgang-streeck-the-crises-of-democratic-capitalism, and W. Brown, Undoing the Demos: Neoliberalism's Stealth Revolution, New York: Zone Books, 2015.（『いかにして民主主義は失われて

いくのか――新自由主義の見えざる攻撃』中井亜佐子訳、みすず書房、2017年〕

21 K. Mannheim, 'The Problem of Generations', in *Essays on the Sociology of Knowledge*, London: Routledge, 1952, p. 309.〔「世代の問題」鈴木広訳『マンハイム全集』第3巻、樺俊雄監修、潮出版社、1976年、204頁〕

22 S. Žižek, *Event: Philosophy in Transit*, London: Penguin, 2014, p.179.〔『事件！――哲学とは何か』鈴木 晶訳、河出書房新社、2015年、189頁〕

23 Mannheim, 'The Problem of Generations', p. 303.〔邦訳、194頁〕

24 Ibid., p.298.〔邦訳、186頁〕

25 Ibid., p.308.〔邦訳、202頁〕

26 Ibid., p.307.〔邦訳、201頁〕

27 マンハイムはこの過程を世代様式の誕生もしくはエンテレケイアと呼んだ。

28 F. Fanon, *The Wretched of the Earth, trans. C. Farrington*, New York: Grove Press, 1965, p. 205.〔『地に呪われたる者』鈴木道彦、浦野衣子訳、みすず書房、1996年、198頁〕（本書のエピグラフを参照）

29 アメリカの世論調査会社は階級カテゴリーを所得水準で切り分け、職業や自律性、そして資産保有の有無と階級との関係を無視している。

30 D. Harvey, *The Enigma of Capital: And the Crises of Capitalism*, London: Profile, 2010〔『資本の〈謎〉――世界金融恐慌と21世紀資本主義』森田成也・大屋定晴・中村好孝・新井田智幸訳、作品社、2012年〕を参照。

31 まさにこの理由によって、英語圏の階級構成分析はしばしばアウトノミアないしアウトノミアマルクス主義と考えられている。

32 S. Wright, *Storming Heaven: Class Composition and Struggle in Italian Autonomist Marxism*, London: Pluto, 2002を参照。

33 テイラー主義と科学的管理法はどちらもフレデリック・テイラーによって考案された手法であり、労働過程をいくつもの標準化された作業に分割することで「効率化」を図った。

34 M. Tronti, 'Lenin in England', in Red Notes (eds), *Working-Class Autonomy and the Crisis*, London: Red Notes, 1970.

35 S. Bologna, 'Class Composition and the Theory of the Party at the Origins of the Workers' Council Movement', *Telos*, 13 (1972), pp. 4-27.

36 G. Hanlon, *The Dark Side of Management: A Secret History of Management Theory*, London: Routledge, 2016.

37 Comte de Lautreamont, *Maldoror (Le Chants de Maldoror)*, trans. G. Wernham, New York: New Directions, 1965, p.339.〔「詩学断層」『ロートレアモン全集』栗田勇訳、人文書院、1968年、382頁〕（本書のエピグラフを参照）

---

2 取り残された世代

1 P. Mason, *Post-Capitalism: A Guide to Our Future*, Harmondsworth:

Penguin, 2015, p.3.〔『ポストキャピタリズム――資本主義以後の世界』佐々とも訳、東洋経済新報社、2017年〕

2 B. Bernanke, *The Courage to Act: A Memoir of a Crisis and Its Aftermath*, New York: W.W. Norton & Company, 2015〔『危機と決断――前FRB議長ベン・バーナンキ回顧録』上下、小此木潔監修、石垣憲一他訳、角川書店、2015年〕, and Alistair Darling, *Back from the Brink: 1,000 Days at Number 11*, London: Atlantic Books, 2011.

3 当時の生々しい実態については以下を参照。M. Taibbi, 'Secrets and Lies of the Bailout,' *Rolling Stone*, 4 January 2013: https://www.rollingstone.com/politics/politics/news/secrets-and-lies-of-the-bailout-113270/

4 ローラ・バスはイギリスのメディアの言説においてこの転換がどのように起きたかを科学捜査のような執拗さで詳細に検証している。以下を参照。Laura Basu, *Media Amnesia: Rewriting the Economic Crisis*, London: Pluto, 2018.

5 Oxfam, *Reward Work, Not Wealth*, Briefing Paper, January 2018: https://www.oxfam.org/en/research/reward-work-not-wealth.

6 Oxfam, *An Economy for the 99%: It's Time to Build a Human Economy That Benefits Everyone, Not Just the Privileged Few*, Briefing Paper, January 2017: https://www.oxfam.org/en/research/economy-99.

7 L. Gardiner, Resolution Foundation press release, 15 March 2017: https://www.resolutionfoundation.org/press-releases/unemployment-hits-41-year-low-but-britains-short-lived-pay-recovery-is-rapidly-coming-to-an-end/

8 たとえば、イギリスではベビーブーマー世代とミレニアル世代の間での緊張関係は2014年に顕在化したという研究がある。以下を参照。K. A. Shaw, *Baby Boomers versus Millennials: Rhetorical Conflicts and Interest-Construction in the New Politics of Intergenerational Fairness*, SPERI report, January 2018: http://speri.dept.shef.ac.uk/wp-content/uploads/2018/11/Baby-Boomers-versus-Milennials-Kate-Alexander-Shaw.pdf.

9 W. Davies, 'The New Neoliberalism,' *New Left Review*, 101 (2016), pp.121–134.

10 フィリップ・ミロウスキが「新自由主義の思想家集団」と呼んだものの形成についての詳しい説明は以下を参照。P. Milowski, *Never Let a Serious Crisis Go to Waste: How Neoliberalism Survived the Financial Meltdown*, London: Verso, 2013.

11 M. Fisher, *Capitalist Realism: Is There No Alternative?*, Winchester: Zero Books, 2009.〔『資本主義リアリズム』セバスチャン・ブロイ、河南瑠莉訳、堀之内出版、2018年〕

12 物質的安定と労働者階級の自信が結びつくことで、社会民主主義は本質的に不安定なシステムになった。以下を参照。M. Kalecki, 'Political Aspects of

Full Employment,' *Political Quarterly*, 14(4) (1943), pp.322–330.

13 左派に生じた世代間格差については以下を参照。S. Hall, *Selected Political Writings: The Great Moving Right Show and Other Essays*, London: Lawrence & Wishart, 1989.

14 S. Huntington, M. Crozer, and J. Watanuki, *The Crisis of Democracy: Report on the Governability of Democracies to the Trilateral Commission*, New York: New York University Press, 1975, p.113.〔『民主主義の統治能力――その危機の検討』綿貫譲治監訳、サイマル出版会、1976年、66頁〕

15 たとえば、1968年の大衆参加型政治や、チリのサルバドール・アジェンデ大統領のサイバーシン計画、そしてスウェーデン社会民主労働党のレーン＝メイドナー・プランなど。

16 M. Fisher, *k-punk: The Collected and Unpublished Writings of Mark Fisher (2004–2016)*, London: Repeater, 2018, p.754.

17 K. Sarachild, 'Consciousness-Raising: A Radical Weapon,' in Redstockings(eds), *Feminist Revolution*, New York: Random House, 1978.

18 B. C. Gibney, *A Generation of Sociopaths: How the Baby Boomers Betrayed America*, New York: Hachette Books, 2017.

19 以下を参照。R. Freeman, 'The Great Doubling: The Challenge of the New Global Labor Market,' in J. Edwards, M. Crain, and A. Kalleberg(eds), *Ending Poverty in America: How to Restore the American Dream*, New York: The New Press, 2007.

20 Davies, 'The New Neoliberalism,' p.127.

21 Ibid.

22 M. Fisher and J. Gilbert, 'Capitalism Realism and Neoliberal Hegemony: A Dialogue,' *New Formations*, 80/81 (2013), p.90.

23 詳しくは以下を参照。A. Kotsko, *Why We Love Sociopaths: A Guide to Late Capitalist Television*, Winchester: Zero Books, 2012, p.42.

24 以下を参照。M. Foucault, *The Birth of Biopolitics: Lectures at the Collége de France, 1978–1979*, trans. G. Burchell, Basingstoke: Palgrave Macmillan, 2008.〔『ミシェル・フーコー講義集成〈8〉生政治の誕生』慎改康之訳、筑摩書房、2008年〕

25 私たち自身はこの還元主義的な人間モデルに納得しないかもしれないが、他の人はみんなそれを信じ込んでいると思っているのである。

26 「死してなお取り憑く」というフレーズはNeil Smith, 'The Revolutionary Imperative,' *Antipode*, 41(s1) (2010)から引用したものだが、Davies, 'The New Neoliberalism,' p.123にも同じ引用があり、私たちの議論に一定の親和性があると言える。

27 Brown, *Undoing the Demos*, pp.33–34.〔『いかにして民主主義は失われていくのか――新自由主義の見えざる攻撃』中井亜佐子訳、みすず書房、2017年、30頁〕

28 M. Lazzarato, *Signs and Machines: Capitalism and the Production of Subjectivity, trans. J. D. Jordan*, New York: Semiotext(e), 2014, p.53.〔『記号と機械——反資本主義新論』杉村昌昭訳、共和国、2015年、68頁〕

29 この議論についてより詳しくは以下を参照。M. Lazzarato, *Governing by Debt*, trans. J. D. Jordan, New York: Semiotext(e), 2013.

30 J. M. Silva, *Coming Up Short: Coming of Age in the Risk Society*, Oxford: Oxford University Press, 2013, p.10.

31 Ibid., p.19.

32 Ibid., p.21.

33 Ibid., p.142.

---

3 ジェネレーションの爆発

1 Mannheim, 'The Problem of Generations,' p.306.〔「世代の問題」『マンハイム全集』第3巻、樺俊雄監訳、潮出版社、1976年、199頁〕

2 Ibid.

3 C. Robin, *The Reactionary Mind: Conservatism from Edmund Burke to Sarah Palin*, Oxford: Oxford University Press, 2013, p.4.

4 A. R. Zolberg, 'Moment of Madness,' *Politics and Society*, 2(2) (1972), p.183.

5 Ibid., p.193.

6 Ibid., p.183.

7 Lazzarato, *Signs and Machines*, p.147.〔『記号と機械——反資本主義新論』杉村昌昭訳、共和国、2015年、179頁〕

8 過剰の瞬間という概念は、私自身も参加している作家集団「フリー・アソシエーション」が発展させてきた。より詳しくは以下を参照。The Free Association, *Moments of Excess: Movements, Protest and Everyday Life*, Oakland, CA: PM Press, 2011.

9 Zolberg, 'Moment of Madness,' p.206.

10 Wu Ming 1, 'We Are All February of 1917,' UNC Global Education Center, Chapel Hill, NC, 5 April 2011, p.8: https://www.wumingfoundation.com/WM1_UNC_talk_on_revolution.pdf.

11 アルチュセールにならって、私たちはこうした出来事の症状を診る必要がある。つまり、出来事の経験に含まれている途切れや沈黙に耳を傾けることである。

12 Karl Marx, 'The Eighteenth Brumaire of Louis Bonaparte' (1852), in *Karl Marx and Frederick Engels: Selected Works*, London: Lawrence & Wishart, 1968, p.97.〔『ルイ・ボナパルトのブリュメール18日』植村邦彦訳、平凡社、2008年、16頁〕

13 Ibid.

14 Gilles Deleuze, *Difference and Repetition*, trans. P. Patton, London: Continuum, 2001, p.92.〔『差異と反復』財津理訳、河出書房、1992年、150頁〕
15 Marx, 'Eighteenth Brumaire', p.100.〔前掲書、22頁〕
16 これと関連する新たな抗議行動の波が2013年にトルコとブラジルで発生し、2016年にフランスで発生したヌイ・デブー〔起きている夜〕運動も2011年の抗議方法を継承している。
17 Seeds for Change, 'Consensus Decision-Making': http://theanarchistlibrary.org/library/seeds-for-change-consensus-decision-making.
18 アンドリュー・コーネルが言うように、アメリカ合衆国でコンセンサス意思決定を発展・普及させる上で最も貢献した組織である「新しい社会をめざす運動(MNS)」はこの欠点に直面し、ある面ではその方式に固執したために戦略的発展ができず、組織が崩壊する結果になった。A. Cornell, *Oppose and Propose!*, Oakland, CA: AK Press, 2011.
19 P. Gerbaudo, *The Mask and the Flag: Populism, Citizenism and Global Protest*, London: Hurst, 2017, p.181.
20 以下を参照。http://wearethe99percent.tumblr.com/.
21 以下を参照。Silva, *Coming Up Short*.
22 M. Lazzarato, *The Making of the Indebted Man*, New York: Semiotext(e), 2012, p.134.〔『〈借金人間〉製造工場——"負債"の政治経済学』杉村昌昭訳、作品社、2012年、179頁〕
23 Q. Norton, 'A Eulogy for #Occupy,' *Wired Magazine*, 12 December 2012: http://www.wired.com/opinion/2012/12/a-eulogy-for-occupy/all/.
24 「今こそ真の民主主義を！」はスペインの15M運動のスローガンだった。
25 Norton, 'A Eulogy for #Occupy'.
26 負債ストライキは、二次市場(既発証券市場)に売り払われた医療費の借金を、1ドルに対して数セントで買い占めて放棄する戦略で有名である。詳しくはhttp://strikedebt.org/を参照。
27 A. Colau and A. Alemany, *Mortgaged Lives: From the Housing Bubble to the Right for Housing*, trans. M. Teran and J. Fuquay, Los Angeles/Leipzing/London: Journal of Aesthetics & Protest Press, 2012, p.92.

---

4 選挙論的転回

1 この逸話は作家集団「フリー・アソシエーション(The Free Association)」の一員として私が共同執筆した記事にも出てくる。記事のURLはhttp://www.freelyassociating.org/up-we-rise/。
2 K. Ovendon, *Syriza: Inside the Labyrinth*, London: Pluto, 2015, p.153.
3 R. Nunes, *Spain: From Networks to Parties . . . and Back*, Plan C, 1 June

2015: https://www.weareplanc.org/blog/spain-from-networks-to-parties-and-back/.

4 「第三の道」という左派の理念は、イギリスのトニー・ブレア政権とアメリカのビル・クリントン政権に最も強く結びつけられている。両者はウィル・デイヴィーズが規範的新自由主義と呼んだものを標榜している。

5 M. Reston and G. Ramirez, 'Hillary Clinton Splits Younger, Older Democrat Women,' CNN Politics, 10 June 2016: https://edition.cnn.com/2016/06/10/politics/hillary-clinton-women-generational-divide/index.html.

6 2017年の総選挙で労働党が躍進したことで評論家の中にはコービンのメッセージの魅力を再評価する者が現れ、左派の専門家たちも次々と報じられるニュースを解説せざるをえなくなっていった。しかし、ほとんどの「第三の道」のコラムニストたちがすぐに敵意をむき出しにするようになったため、これはやはり説明を要する現象だと言える。

7 以下に引用されている。C. Cadwallader, 'The New Left: Don't Call Them Corbynistas,' *The Observer*, 18 September 2016.

8 N. Cohen, 'Labour Conference? More Like the Cult of Saint Jeremy,' *The Observer*, 1 October 2017.

9 H. Freeman, 'From Labour's Hard Left to Donald Trump, It's Been the Summer of Personality Cults,' *The Guardian*, 30 July 2016.

10 R. Nunes, 'Geração, acontecimento, perspectuva,' *Nueva Sociedad*, December 2014.

11 1968年にシカゴで開かれた民主党大会に集まった人々を警察が警棒で殴打した事件のウィリアム・バローズによる描写。「そして、シカゴからベルリンまで、メキシコシティからパリまで響き渡る、この空虚な高揚感は何だろう。その鈍い動物的感性で、現実が彼らから抜け落ちてゆくのを感じて、「我々こそがまさに本物なのだ！この警棒みたいにホンモノだ！」と叫んでいる」。W. Burroughs, 'The Coming of the Purple Better One,' in Ann Charters(ed.), *The Portable Sixties Reader*, London: Penguin, 2003, p.246 (originally from Esquire, 1 November 1968).

12 W. Brown, 'Resisting Left Melancholy,' *boundary 2*, 26(3) (1999), p.19.

13 Ibid., p.26.

14 Ibid., p.20.

15 Ibid., p.21.

16 より詳しくは以下を参照。K. Milburn, 'On Social Strikes and Directional Demands,' Plan C, 7 May 2015: https://www.weareplanc.org/blog/on-social-strikes-and-directional-demands/.

17 N. Srnicek and A. Williams, *Inventing the Future: Postcapitalism and a World Without Work*, London: Verso, 2015, p.169.

18 イギリスの影の財務大臣ジョン・マクドネルは、しばしば自分の戦略を「国家

の中で国家に逆らう」ことだと言っていた。

19 Mannheim, 'The Problem of Generations,' p.308.〔「世代の問題」『マンハイム全集』第3巻、樺俊雄監訳、潮出版社、1976年、202頁〕

5 成人モデルの改革

1 M. Hardt and A. Negri, *Assembly*, Oxford: Oxford University Press, 2017, p.101.〔『アセンブリ——新たな民主主義の編成』水嶋一憲ほか訳、岩波書店、2022年、145頁〕

2 D. Losurdo, *Liberalism: A Counter-History*, London: Verso, 2011.

3 「財産所有制民主主義」をめぐる言説の歴史については以下を参照。B. Jackson, 'Property-Owning Democracy: A Short History': https://www-users.york.ac.uk/~mpon500/pod/Jackson.pdf.

4 Hardt and Negri, *Assembly*, p.101.〔『アセンブリ——新たな民主主義の編成』水嶋一憲ほか訳、岩波書店、2022年、145頁〕

5 Office for National Statistics(2016), *Statistical Bulletin: Marriages in England and Wales: 2015*, 2018: https://www.ons.gov.uk/peoplepopulationandcommunity/birthsdeathsandmarriages/marriagecohabitationandcivilpartnerships/bulletins/marriagesinenglandandwalesprovisional/2015.

6 K. Johnson, '2.1 Million More Childless US Women Than Anticipated,' 12 December 2017: https://carsey.unh.edu/publication/snapshot/more-childless-us-women.

7 エド・ホウカーとシヴ・マリクによれば、イギリスでは「18歳から44歳までの280万人が家が購入できないために出産を遅らせており、18歳から30歳までの7%は家が購入できなくて結婚を遅らせている」という。Howker and Malik, *Jilted Generation*, p.57.

8 J. Cribb, A. Hood and Jack Hoyle, 'The Decline of Homeownership among Young Adults,' IFS Briefing Note, 16 February 2018: https://www.ifs.org.uk/publications/10505

9 Ibid.

10 新自由主義的な成人モデルがすでに機能していないことは、K. Crawford, 'Adult Insecurity in Insecure Times,' *Soundings*, 41 (2009), pp.45–55などでも指摘されている。

11 若者の発明については、J. Savage, *Teenage: The Creation of Youth*, London: Chatto & Windus, 2007を参照。

12 Hardt and Negri, *Assembly*, p.187.〔『アセンブリ——新たな民主主義の編成』水嶋一憲ほか訳、岩波書店、2022年、260頁〕

13 ネットワークは、そこで利用者が相互に交流すればするほど価値が上がる。

しかし、現在のところ、私たちの交流の成果はプラットフォーム企業の富豪たちに盗まれ、私物化されている。

14 以下を参照。K. Milburn and B. Russell, 'What Can an Institution Do? Towards Public-Common Partnership and a New Common-Sense,' *Renewal*, 26(4), (2018): pp.45–55.

15 ベーシック・サービスについては、J. Portes, H. Reed and A. Percy, *Social Prosperity for the Future: A Proposal for Universal Basic Services*, Institute for Global Prosperity, UCL, 2017 (https://www.ucl.ac.uk/bartlett/igp/sites/bartlett/files/universal_basic_services_-_the_institute_for_global_prosperity_.pdf)を参照。ベーシック・インカムについては、https://basicincome.org/basic-income/ を参照。

16 Hardt and Negri, *Assembly*, p.100.〔『アセンブリ――新たな民主主義の編成』水嶋一憲ほか訳、岩波書店、2022年、143-144頁〕

17 Ibid., p.102.〔『アセンブリ――新たな民主主義の編成』水嶋一憲ほか訳、岩波書店、2022年、146-147頁〕

18 ケアの集団的実践が新たな権利行使の条件になるという議論については、Milburn, 'On Social Strike and Directional Demands' を参照。

19 極度に治療的な効果は「単に人々を治すことでも、後期資本主義の日常生活で受けたダメージを修復して元の生活に戻すことでもなく」、むしろ「その上で、他者と創造的な関係を築くことができるような力を養うこと」である。詳しくは、J. Gilbert, 'Psychedelic Socialism,' *openDemocracy*, 22 September 2017 (https://www.opendemocracy.net/en/psychedelic-socialism/)を参照。

キア・ミルバーン | Keir Milburn

政治理論家。専門は社会組織論。世界の左派の潮流をマルクス主義、とりわけマリオ・トロンティやアントニオ・ネグリに代表されるアウトノミアからの理論的影響のもとで分析し、注目を集めている。レスター大学で講師を務めた後、現在はローザ・ルクセンブルク財団に所属し、ミュニシパリズムや経済民主主義についても研究を進めている。『ジャコビン』や『ガーディアン』などへも寄稿。

斎藤幸平 | Kohei Saito

大阪市立大学大学院経済学研究科准教授。ベルリン・フンボルト大学哲学科博士課程修了。博士（哲学）。専門は経済思想。*Karl Marx's Ecosocialism:Capital, Nature, and the Unfinished Critique of Political Economy*（邦訳『大洪水の前に』・堀之内出版）によって「ドイッチャー記念賞」を日本人初、歴代最年少で受賞。その他の著書に『人新世の「資本論」』（集英社新書）。

岩橋 誠 | Makoto Iwahashi

NPO法人POSSEスタッフ。POSSEで技能実習生など外国人労働者やクルド人など難民の支援に携わる。国際NGO・Clean Clothes Campaign運営委員。withnews「やさしい日本語で答える仕事の悩み」執筆。京都大学経済学部卒。北海道大学公共政策学研究センター研究員。翻訳家。国際ジャーナリスト。

萩田翔太郎 | Shotaro Hagita

歴史研究者。イギリスのヨーク大学に留学し、一橋大学大学院社会学研究科博士課程修了。博士（社会学）。専門はイギリス労働史・文化史。特に18世紀以降の都市暴動や労働運動とメディアの関係。NPO法人POSSEにボランティアとして参加。雑誌『POSSE』でラダイト運動（機械打ちこわし運動）について連載中。

ジェネレーション・レフト

2021年8月25日　初版第一刷発行
2022年3月22日　初版第三刷発行

著者　キア・ミルバーン

監訳・解説　斎藤 幸平
翻訳　岩橋 誠　萩田 翔太郎

発行　堀之内出版
〒192-0355　東京都八王子市堀之内3-10-12
フォーリア23　206
Tel：042-682-4350／Fax：03-6856-3497
装丁・本文デザイン　成原亜美（成原デザイン事務所）
装画　millitsuka
シリーズロゴ　黒岩美桜
組版　江尻智行（tomprize）
印刷　中央精版印刷株式会社

ISBN978-4-909237-58-3